« RÉPONSES »

Collection dirigée par Joëlle de Gravelaine

DU MÊME AUTEUR

chez le même éditeur

LES ENFANTS DU RÊVE
LE CŒUR CONSCIENT
DIALOGUES AVEC LES MÈRES
UN LIEU OÙ RENAÎTRE
PSYCHANALYSE DES CONTES DE FÉES
SURVIVRE
LA LECTURE ET L'ENFANT
(en collaboration avec Karen Zelan)

chez d'autres éditeurs

L'AMOUR NE SUFFIT PAS
LES ÉVADÉS DE LA VIE *(Fleurus)*
LES BLESSURES SYMBOLIQUES (N.R.F.)
LA FORTERESSE VIDE (N.R.F.)

BRUNO BETTELHEIM

FREUD ET L'ÂME HUMAINE

Traduit de l'américain par Robert Henry

Préface de Michèle Montrelay

ÉDITIONS ROBERT LAFFONT
PARIS

Titre original : FREUD AND MAN'S SOUL

ISBN 2-221-01151-1
Edition originale :
ISBN 0-394-52481-0 Alfred A. Knopf, New York

« Par essence, la cure psychanalytique doit passer par l'amour. »

FREUD (lettre à Jung).

PRÉFACE
par Michèle Montrelay

Ce livre exprime tout haut ce que Bettelheim pense tout bas depuis qu'il vit aux Etats-Unis : l'œuvre de Freud tout entière est faussée par la traduction. A la place d'un style simple, poétique, traversé par l'humour, et par conséquent accessible à tous, on a mis des mots plats, souvent lourds et du genre savant pour faire sérieux. Le lecteur de langue anglaise n'a plus accès qu'à des textes très ennuyeux, dont toute émotion est bannie. Assoupi par leur monotonie, comment pourrait-il soupçonner que ce qu'il lit refoule une autre parole, susceptible de le captiver ? La trahison ne peut apparaître que si quelqu'un nous la démontre, texte et preuves à l'appui. Ainsi procède Bettelheim. Et s'il se donne passionnément à sa plaidoirie, c'est que l'enjeu qu'il défend est immense, pense-t-il. Car une fois le texte original affadi et travesti, non seulement le style est détruit, mais l'inspiration où Freud puisait sa force s'évanouit. Ce livre est un cri d'alarme : si les mots ne vivent plus, la théorie qu'ils articulent est en passe de mourir aussi.

L'argument central de Bettelheim, qui se vérifie dès que l'on parle à la fois l'anglais et l'allemand, est celui-ci : la traduction se veut sans âme, elle se veut sans âme au point d'évacuer le nom de celle-ci. En vain on cherchera ce mot dans la Standard Edition. Tout se passe comme si Freud ne l'avait jamais employé. Or c'est bien l'inverse qui est vrai : du premier au dernier de ses livres, l'âme est présente, toujours. Aussi bien, quand les traducteurs la rencontrent, ils l'appellent d'un autre nom. *Seele* ou *Psyche*, soit l'« âme » en allemand, deviennent *mind* en anglais, c'est-à-dire l'esprit réduit à l'exercice de l'intellect. Jamais *Seele* n'est traduit par *soul*. Jamais la traduction ne rend ces résonances romantiques que l'âme avait au début du siècle pour tout Viennois cultivé. Censure d'autant plus troublante qu'elle porte, affirme Bettelheim — c'est là son intime conviction —, sur le mot qui compterait le plus dans la discipline que nous exerçons. Le choix du mot *psychanalyse*, qui signifie à la lettre « analyse de (ou par) l'âme », ne s'est pas produit au hasard. Freud l'a voulu, marquant par là l'importance qu'il donnait à ce mot. Un tel souci d'accentuation resta incompris des traducteurs, ainsi que des psychanalystes qui cautionnèrent la Standard Edition, Jones et Anna Freud notamment. Il est probable qu'avec eux, beaucoup de praticiens freudiens considérèrent l'emploi du mot *âme* comme une faiblesse de Freud, qu'il appartenait à ses disciples de dissimuler pieusement. Le lecteur français ignore sans doute qu'un bon nombre d'associations psychanalytiques américaines conseillent à leurs postulants de s'abstenir de prendre connaissance de l'œuvre de Freud en allemand. On juge bien préférable l'étude de la Standard Edition. Ne serait-ce pas la présence, justement, d'un mot tel que l'*âme* qui pourrait égarer l'étudiant dans ces régions du sentiment où toute rigueur se corrompt ?

De ces sortes de précautions, qui tournent le dos à la vérité, Bettelheim fait peu de cas. En se référant à l'âme, Freud, dit-il, savait ce qu'il faisait. Si ses disciples ne le comprennent plus, il est urgent qu'ils s'interrogent : que voulait dire ce mot pour lui ? Un certain nombre de réponses seront ici avancées, mais, avant de nous y arrêter, peut-être faut-il faire un détour par notre propre pays. Puisqu'en France aussi Freud est traduit, nous ne pouvons pas lire ce livre sans nous sentir questionnés par lui. Qu'avons-nous fait de l'œuvre de Freud ? L'aurions-nous également trahie ?

Le lecteur jugera lui-même si les mots clefs, sur lesquels Bettelheim s'est arrêté, lui semblent plus fidèlement traduits chez nous qu'aux Etats-Unis. Partagera-t-il mon opinion ? Nous avons, me semble-t-il, moins à nous plaindre que nos confrères anglo-américains. Surtout depuis quelques années, où en France un effort est fait pour rendre à certains concepts les valeurs que Freud a voulu leur donner. Puisque nous avons la chance de disposer de traductions successives de textes majeurs tels que la *Métapsychologie* ou les *Essais de psychanalyse*, il est facile de constater que les contresens catastrophiques auxquels Bettelheim fait allusion (par exemple, la traduction de *Trieb* par « instinct ») figuraient dans les premières éditions françaises et furent modifiés dans les récentes traductions, où *Trieb* est traduit par « pulsion ». Ce travail de retour au texte freudien dans sa littéralité doit naturellement beaucoup à l'enseignement de Lacan.

On pourrait dire que Freud parlait par gestes de l'inconscient. Comme la langue allemande le permet tout particulièrement, les vocables qu'il utilise rassemblent plusieurs radicaux qui définissent en un seul mot non seulement tel mouvement dans sa spécificité, mais aussi sa direction, son temps propre, son intensité. En un instant, nous sommes placés au cœur d'un acte, précis, concret, et de l'espace qu'il a créé. Ainsi, Freud, pour caractériser le mécanisme de rejet spécifique de la psychose, a choisi le mot *Verwerfung* : action de « jeter au-dehors violemment ». Il s'agit bien là d'un geste, tout comme celui qui sert à désigner le refoulement (*Verdrängung* : « pousser à côté »). Geste exactement évoqué, mais qui pourtant fait jouer une marge d'incertitude : jeter au-dehors, pousser à côté, oui, mais comment ? Cela reste en partie indéterminé. Sur ces concepts gestuellement pensés, Lacan fut le premier en France à s'interroger, cherchant à rendre leur portée concrète, leur puissance poétique aussi. La polyvalence des sens lui permettait de replacer telle opération psychique, que le concept entendait désigner, dans toute sa force et sa complexité. Quant à cette incertitude, présente aussi dans la langue de Freud, elle est, soulignait Lacan — tout comme le fait Bettelheim —, constitutive de l'inconscient. Il importe de la respecter. Ceux qui furent les habitués des séminaires croiront parfois, au fil de ce livre, retrouver le son de cette voix, qui s'efforça de résonner en écho de celle du « vrai » Freud. Ils constateront que Lacan et Bettelheim ont souvent choisi les mêmes concepts comme idées-forces et terrain de leur plaidoyer.

Parmi tous les mots que Bettelheim rend ici à leur sens premier, il en est un pourtant que Lacan n'a pas réhabilité. Celui-ci s'est bien gardé de tirer l'âme du grand sommeil où les traducteurs l'avaient plongée. En France aussi, à quelques exceptions près, le mot *âme* demeure censuré. Simplement les traducteurs se servent de procédés plus subtils. On n'a jamais vu ici que le mot *Seele* soit rendu par « intellect » ou « esprit ». On choisit plutôt des mots tels que *psyché, psychisme*, voire *appareil psychique* pour parler de ce que Freud appelait l'*âme*, tout simplement. Et, sans doute, de son vivant, n'y avait-il aucune différence entre l'*âme* et le mot grec « psyché », comme l'explique Bruno Bettelheim. Mais, le temps passant, en France l'écart s'accentua entre les deux. L'emploi de *psyché*, puis de ses dérivés devint la règle dans les traductions, tandis que sur l'*âme* le silence se fit. L'existence de ces deux termes permit qu'un partage s'effectue. D'un côté, sous le nom de *psychisme*, ou de l'un de ses dérivés (par exemple, *appareil psychique*), les attributs psychologiques (intelligence, volonté, imagination), que l'âme avait servi jusque-là à désigner, furent rattachés à l'inconscient. De l'autre fut reléguée l'acception religieuse du mot. Parcelle divine, sacrée de l'homme : telle fut la substance à laquelle, dans les milieux psychanalytiques, l'âme fut censée renvoyer. Autour d'elle se développa cette sorte de suspicion vague, ces rites conjuratoires dont on entoure les tabous. Il fallut pour en parler recourir aux préalables destinés à bien marquer qu'on se sert du mot sans y adhérer, parce qu'il le faut, dans une perspective historique, ethnologique le plus souvent, et dans tous les cas « scientifique » au sens large de ce mot. Ou bien, comme le faisait Lacan lorsqu'il touchait à ce sujet scabreux, l'emploi du conditionnel, l'insertion préliminaire d'une petite phrase telle que : « ... l'âme, si elle existait... », en glissant un certain doute dans le fil du discours, pouvait suffire à rassurer chacun. A moins que l'on ne choisisse le comique ou l'ironie. Ce sont aussi de bons procédés. Rappelons qu'il arrivait au maître de vocaliser le mot *âme* d'une certaine voix de fausset, réservée à cet usage : « La fââââme (femme), elle âme (aime) l'ââââme... » Tenez-vous à l'une de ces façons. Ou bien inventez-en d'autres. L'essentiel consiste à bien marquer le recul que vous gardez. Cela fait, vous pourrez disserter sur l'âme aussi subtilement, aussi longuement que vous voudrez. Vous garderez sauf votre honneur. Mais qu'arrive l'impensable, qu'en un de nos petits cercles, vous parliez spontanément de votre âme, voire de celle de votre patient, quel dégoût, quel apitoiement sur-le-champ vous susciteriez ! Médecins et philosophes s'entendaient, il y a cent ans, à bannir le sexe de leur discours. Maintenant qu'il a droit de cité, qu'il est partout, au tour de l'âme de répandre une odeur suspecte. On en a honte, on en a peur. Qui sait si, dans cette culture où prospèrent les sciences dites « humaines », l'âme n'est pas devenue le vrai lieu de l'obscénité ?

En la censurant de leurs traductions, en parlant de psychisme là où Freud écrivait *Seele*, les psychanalystes français, comme leurs collègues américains, épousent donc un mouvement d'opinion, tout en le renforçant toujours plus. A supposer qu'on le leur reproche, ils répondront : c'est là nécessité. Que pouvons-nous faire au fait que le sens des mots évolue ? Puisque l'*âme* possède de nos jours un sens religieux, puisque Freud, on le sait bien, était résolument athée, tout permet de penser qu'aujourd'hui lui-même délaisserait ce mot. Celui de *psychisme* lui conviendrait mieux pour désigner ces mécanismes, à la fois conscients et inconscients, auxquels notre discipline renvoie. La confusion entre les deux registres, confessionnel et clinique, que Freud redoutait tant, peut par l'usage de ce terme être évitée clairement.

On le voit, toute la force de cette argumentation repose sur l'idée que l'âme pourrait être coupée en deux. Une fois soustraite la partie que l'on enseigne au catéchisme, on pourrait sans mal restituer, sous le nom nouveau de *psychisme*, la seconde qui désignerait les processus conscients et inconscients. Mais si cette disjonction se révélait abusive ? Si Freud s'était servi du mot dans une troisième acception, et cela tout naturellement, comme le faisaient ses contemporains ? Il n'est pas possible de nier que des écrivains tels qu'en Allemagne Hoffmannsthal et Schnitzler, en Angleterre Henry James et Wilde, en France Proust, Valéry, Cocteau, Colette, tant d'autres, ont parlé spontanément de l'âme, dans un sens que nos intellectuels préfèrent laisser de côté. Loin d'exprimer une croyance en un dogme religieux, loin de se présenter à eux comme objet psychique destiné exclusivement à l'étude ou à l'investigation, l'*âme* servait à désigner un organe non corporel que chacun, croyant ou athée, jugeait indispensable à la vie. Entendu dans cette acception, le mot, on le savait bien, résistait à l'intellect. L'âme, pour être comprise, devait s'expérimenter. La « connaître », c'était lui laisser faire le travail qui était le sien, et qui consiste à inventer dans le double sens de ce mot — à la fois trouver et créer — des séries d'affinités, entre les humains en premier lieu, mais aussi (conférez Baudelaire) entre toutes créatures animales, végétales, minérales qui animent et peuplent l'univers.

Une telle tradition de l'âme s'est maintenue dans le XXe siècle bien plus avant qu'on ne l'imagine. Les concepts qu'elle véhiculait, désormais plongés dans l'oubli, sommeillent dans des mots familiers à notre pensée actuelle, mais dont l'usage a progressivement changé. Tel est le sort de la métaphore, de concepts comme « émotion », « poésie ». Quand Bettelheim les emploie, il entend leur restituer, outre leurs valeurs d'aujourd'hui, celles que la tradition leur donnait. Et le lecteur qui s'en tient à leur sens contemporain s'expose à ne pas entendre certains propos de l'auteur, pourtant fort clairs et simples de ton. Un exemple parmi tant d'autres de tels possibles malentendus : selon Bettelheim, si Freud, loin d'exclure, d'« exciser » comme il dit, l'âme de ses écrits, s'y est référé avec autant de discrétion que de régularité, c'est qu'il lui a reconnu le statut de métaphore. On sent bien qu'en s'exprimant ainsi l'auteur défend un enjeu considérable. Mais lequel ? A quels processus et convictions la métaphore renvoie-t-elle pour lui ? Le lecteur, s'il entend le terme comme on le fait aujourd'hui, pensera au procédé de style — un mot pour un autre — qui crée du sens par substitution. Prendre le concept de la sorte, c'est en déduire que Freud tenait à l'*âme* comme à un mot qui, chargé d'histoire et de traditions, mais non théorisé par lui, faisait signe vers ce fonds de culture ancestrale dont il est issu. Irréductible à toute démonstration, il aurait donc eu, de ce fait, la propriété d'ouvrir un espace flou, tel que la logique du système freudien ne pouvait plus tomber juste, exactement, à tous les coups. Une telle interprétation est confirmée par Bettelheim. Mais suffit-elle ? L'âme ne serait-elle qu'un mot, précieux, certes, mais rien de plus ? Qu'à cela ne tienne ; une seconde conception, lacanienne, de la métaphore se présente au lecteur aussitôt, où celle-ci n'est pas seulement simple procédé de style, mais fonction, qui noue le désir inconscient au langage et à ses jeux. Il y a décidément convergence extraordinaire entre Bettelheim et Lacan, conclura-t-on. Ce que l'un appelle l'*âme*, l'autre le nomme *désir inconscient*, mais puisque ces mots renvoient à la métaphore également, les deux hommes ont donc le même enjeu. Moyennant quoi, le risque est grand de n'accorder aucune importance, ou bien de trouver trop vague une phrase telle que celle-ci : « Freud, écrit Bruno Bettelheim, quand il cherche à concevoir le travail de la psyché en distinguant le conscient de l'inconscient, les fonctions du Ça, du Moi et du Surmoi, utilise alors le terme d'*âme* pour décrire le concept qu'il considère comme clef de voûte de l'ensemble. »

Prises à la lettre, ces lignes reviennent à dire : soit l'ensemble constitué par les trois instances ; soit aussi celui qui comprend le conscient et l'inconscient ; l'âme est non seulement le mot qui sert à nommer ces ensembles, mais aussi elle leur sert de joint. « Clef de voûte », dit Bettelheim. Le terme parle suffisamment, puisqu'il désigne en architecture le lieu grâce auquel les poussées s'équilibrent. Appliqué à l'âme, il en fait la partie où s'articulent ces forces vives, toujours en conflit, que nous nommons « pulsions partielles ». Irréductible à la conscience, impossible à concevoir comme pur effet du désir inconscient, l'âme non seulement participe de ces deux mondes, mais aussi elle est l'organe grâce auquel ils s'articulent entre eux.

La fonction de liaison qui lui était attribuée par les romantiques et leurs héritiers non seulement est donc ici revendiquée par Bettelheim, mais celui-ci entend l'appliquer au champ clinique qui est le sien. Si l'organe qui a pour fonction de créer des affinités n'est pas un leurre, alors l'analyste le reconnaît à travers les réseaux qu'il tisse entre les facultés conscientes et les processus inconscients. Rayer l'âme de son vocabulaire revient à poser de fait, par omission et sans le démontrer, ou bien que ces réseaux n'existent pas, ou bien qu'ils sont le simple produit des instances qu'ils relient. Garder le mot, l'employer, c'est au contraire affirmer qu'une fonction tierce existe, travaille, invente à sa façon. Et l'on pressent que l'analyste, selon qu'il se tient à l'une ou l'autre de ces prises de position, n'a pas la même conception théorique de l'inconscient, ni peut-être la même pratique... Mais n'allons pas trop vite en chemin. Si l'âme existe en tant que lieu spécifique de jonction, où l'analyste peut-il saisir ses coordonnées ? Dans le rêve, électivement. C'est là que, dans un premier temps, l'espace de l'âme se découvrira lié au travail de la métaphore, dont la fonction apparaîtra mieux dans un contexte clinique concret.

*
* *

Le principe sur lequel repose *L'Interprétation des rêves* est que tout songe se construit dans le but de satisfaire un désir sexuel inconscient. S'il échoue, il devient cauchemar, et par là fait exception à la règle formulée par Freud, relativement tôt d'ailleurs, dans sa carrière d'écrivain. Le temps passant, on peut douter que celui-ci n'ait pas songé à composer avec la loi qu'il s'était donnée. Pourquoi le rêve serait-il soumis au seul principe de plaisir ? Pourquoi n'obéirait-il pas aussi à d'autres nécessités ? Quelle qu'ait été l'opinion définitive de Freud sur ce point, il reste que le clinicien, confronté au rêve et à ses formations, s'il vérifie quotidiennement la loi de la *Traumdeutung*, ne peut pas se contenter de son étroite application. Certes, tout rêve exprime un désir et cherche de toutes ses forces à le réaliser. Mais un certain nombre de faits exigent aussi d'être notés. D'abord, ce désir, loin d'être contingent, par conséquent d'avoir été choisi parmi d'autres qui compteraient autant, se révèle, au cours du travail analytique d'association, comme l'expression en raccourci de l'ensemble des autres désirs et de la structure qui les sous-tend. Au-delà d'un souhait particulier, c'est donc *le* désir global, constitutif d'un sujet (ici opposé à ses désirs pluriels), qui s'est à la fois déguisé et mis en scène en raccourci dans le récit initial, « manifeste », que l'analysant en a fait. Avec le temps, au fur et à mesure que se présentent les associations, les mille et une figures d'un système toujours en conflit se dessinent et se déploient. L'expression de Freud selon laquelle le rêve réalise un désir reste donc juste, mais à la condition d'entendre le mot *réalisation*, non seulement comme « satisfaction », mais dans son acception scénique théâtrale, cinématographique, picturale, etc. « Réaliser » un scénario ne signifie pas, bien sûr, le satisfaire en lui proposant tel bon objet qui le comblerait. C'est lui donner une réalité sonore, spatiale, humaine. De même, au-delà du plaisir imaginaire et passager que certains rêves peuvent nous donner, ce que tout songe élabore sans rater jamais son projet est la figuration d'un espace fait de chemins, de sens, d'issues, d'impasses, bref d'un labyrinthe où le désir s'est engagé et demeure, au moment du rêve, en tel ou tel point bloqué. Tel homme rêve d'un « arbuste épineux, planté curieusement sur un rocher qui l'isole de la forêt ». L'oreille de l'analyste ne peut pas ne pas être sensible aux allusions d'ordre sexuel condensées dans l'« épineux ». A travers elles se dessinent non seulement l'appareil génital masculin, mais le désir que le pénis demeure érigé (*épi*, en grec : « au-dessus »), sans risque, puisque à l'écart de la mêlée. Désir parfaitement confirmé par le style de vie et de sexualité du rêveur, et que le rêve imaginairement satisfait. Mais, au-delà de cette fonction de plaisir, le rêve en possède une autre, qui n'a que faire d'illusions. Sans ménagement aucun, il fait le point de la situation, non pas sous forme de jugements surmoïques et moralisateurs, mais par le biais des mises en scène impliquées dans le contenu latent. Ici, même le récit manifeste contribue à la figuration. On voit un arbre piquant, solitaire, sec, tourmenté dans ses contours et son aspect. Stérile aussi. Adjectifs qui peuvent servir à décrire l'impasse dans laquelle le rêveur piétine depuis longtemps. Froideur, impuissance affective, vie sexuelle stéréotypée, misogynie exacerbée, où chaque femme est appréhendée comme réceptacle dangereux d'un pénis toujours menacé, mènent cet homme de liaison en liaison, d'aventure en aventure qui n'ont jamais de vrai lendemain.

Un tel exemple, choisi en fonction de sa banalité, met donc bien en évidence la double fonction du rêve. Tandis que le rêveur se sert de ses productions oniriques à des fins sexuelles de satisfaction, le rêve, nuit après nuit, dresse des cartes, « réalisant » avec des images, des jeux de sens et de mots, la position du rêveur face à ses environnements sociaux, familiaux, amoureux, à la fois présents et passés. A supposer que l'analyste se fasse quelques illusions, le rêve est là pour les lui ôter. Rien ne lui échappe jamais. Ni la violence des conflits sur lesquels se fonde la vie. Ni la pesanteur d'un passé dont il dit la fatalité. Ni non plus l'obstination aveugle de la souffrance à se répéter. Combien peuvent alors sembler vains, légers au thérapeute son savoir-faire, son intuition, ses tentatives d'avancer son propre pion dans un jeu dont les figures — le rêve le lui montre assez — sont toujours déjà fixées. En regard des « topologies » qui s'élaborent sous ses yeux, que peut-il sinon constater que, dans leur agencement parfait, elles n'ont pas besoin de lui ? Ironique, sans illusions ni merci, tel est le rêve. Sans cesse il joue : des logiques, de l'espace, du temps, de l'analyste, des situations, mais en aucun cas il ne ment.

Pourquoi cette opiniâtreté à mettre en scène le plus inéluctable de la structure et du désir ? Le rêve tiendrait-il à signifier la fatalité d'un destin ? Veut-il nous dire : « Vois tes limites, considère l'inconsistance de ces idées de liberté dont tu te berces dans la journée ? » A supposer qu'il s'érige en censeur, il n'irait pas par quatre chemins. Ses contenus seraient autant de procès-verbaux simples et clairs. Or, on le sait, il n'en va pas ainsi. Loin de procéder par narration linéaire, le rêve affectionne les détours. Bien plus, ce n'est pas un chemin qu'il veut suivre, mais plusieurs, et tous à la fois. On n'en finit pas de déplier les fils qu'il tient resserrés dans un texte de quelques mots. Revenons au petit rêve pour évoquer quelques-unes des associations auxquelles il donna lieu. Au réveil, le rêveur nota que l'arbuste lui évoquait, il ne savait pourquoi, un églantier. On va voir que ce dernier mot, articulé par le « gland » qu'il contient phonétiquement, aux connotations sexuelles de l'« épineux », se situe à la croisée d'autres espaces et de moments divers. Le souvenir d'une fête religieuse est évoqué par le rêveur, à laquelle dans son enfance il a été invité. « Une composition florale marquait, se souvient-il, le centre de la table du déjeuner. Des fleurs (comme d'églantier ?), dont la teinte éblouissante, pourtant passée, me retient encore aujourd'hui. Les pétales étaient travaillés, tels certains tableaux de Manet, en aplats et au couteau : d'une chair crémeuse, glacée, précisément découpée. » Plus tard viendra la question de savoir si ce repas eut lieu ou non lors d'une circoncision. Puis, à propos d'un accident arrivé à un ami : « Comment a-t-il pu s'en tirer, comment peut-on sortir entier d'une chose (la voiture) aussi détériorée ? » Autre homophonie, par conséquent, puisque le mot *entier* figure à l'intérieur de l'églantier. Signalons enfin l'intérêt subit de cet homme, au cours des mois suivants, pour une branche maternelle de sa famille. Pourquoi s'intéresse-t-il soudain à la généalogie ? Là encore, il n'en sait rien, mais, au cours de ses recherches, le rêveur tombe en arrêt devant un blason : « En son centre une *aigle* essorée. »

Le propos n'est pas ici d'interpréter ces associations, mais d'attirer l'attention sur la diversité des registres qu'elles mettent en jeu. Un simple mot — l'*églantier* — tient repliés dans quelques lettres le nom et ses idéaux (l'aigle essorée), le sexe (« gland » qu'il faut laisser entier), l'objet partiel et les pulsions sadiques orales qui lui sont attachées (« pétales d'une fleur précisément découpés »). Mais aussi, dans ce même mot, la suite des générations, la féminité de la mère qui « retient », les guerres familiales de religion dont le rêveur, juif par son père, chrétien par sa mère, crut s'affranchir dans l'adolescence — mais à quel prix ! — communiquent, dans un raccourci fulgurant, grâce à l'invention de l'*églantier*. En celui-ci, reconnaissons la métaphore, à condition d'utiliser ce concept dans le sens que les romantiques s'accordaient à lui donner : figure de style qui, se servant du langage pour trouver le juste rapport, saisissant entre les parties les plus disparates du réel l'affinité exacte, inouïe, permet de saisir une vérité qui d'ordinaire reste voilée. « On peut, écrit Proust, faire se succéder indéfiniment dans une description les objets qui figuraient dans le lieu décrit, la vérité ne commencera qu'au moment où l'écrivain prendra deux objets différents, posera leur rapport... et les enfermera dans les anneaux nécessaires d'un beau style, ou même, ainsi que la vie, quand, en rapprochant une qualité commune à deux sensations, il dégagera leur essence en les réunissant l'une et l'autre pour les soustraire aux contingences du temps, dans une métaphore, et les enchaînera par le lien indescriptible d'une alliance de mots. »

*
* *

« Indescriptible » est bien le mot qui convient à la liaison que la métaphore, et à travers elle l'âme, effectue. Dès qu'on tente de la représenter, c'est-à-dire de la figurer dans l'espace que nous connaissons, elle devient caricature, objet phobique, monstruosité. L'idée surgit d'une « unité » qui, résultant de l'imbrication de morceaux, envahirait de sa compacité un univers qui, dès lors, se concevrait comme grand « Tout ». Plus de frontières, plus de trous, plus de hasards ou de rencontres, par conséquent plus de désir. Seule s'érige la toute-puissance de l'unité terrifiante où s'abolissent les différences. Un « Dieu » surgit qui le personnifie, ogre grotesque dont on s'empresse de clamer la mort. Ou bien, pour qui considère ces choses avec les yeux de l'esprit, les mots de *correspondance*, d'*affinité* exhument les restes moyenâgeux d'une pensée à la recherche d'analogies, peut-être même d'une harmonie, touchante mais dérisoire s'il s'agit d'y adhérer. La science, la philosophie n'ont-elles pas démontré depuis longtemps leur peu de fondement ? Tout se passe pour nos esprits forts comme s'il n'existait jamais qu'une seule réalité qu'ordonnent les catégories d'espace, de temps, de causalité. Que font-ils de ces régions diverses du réel que les physiciens, les analystes ne pourraient pas explorer sans forger de nouveaux systèmes non représentables de pensée ? Entendent-ils appliquer les mêmes critères, les mêmes postulats au comportement des particules, à tel objet visible et concret, et à celui, inconscient, du fantasme qui stabilise la sexualité ? Non, il leur faudra admettre qu'à chacune de ces réalités correspondent une géographie, une logique, des propriétés. Pourquoi, dès lors, refuser d'emblée ce statut au milieu que l'âme pourrait créer métaphoriquement ? Ses coordonnées demeurent mystérieuses, « indescriptibles », soit. Mais, s'il possède des propriétés, des vertus qui, loin d'être illusoires, sont indispensables à la vie, l'espace de l'âme n'est-il pas aussi une réalité ?

*
* *

Revenons aux cartes minutieuses où le rêve, sans complaisance, effectue ses relevés. A quelle fin ? avions-nous demandé. S'agit-il de signifier les limites et les impasses où le désir s'est enfermé ? Non, puisque le travail du rêve ne tend pas à représenter. Sa fonction, on l'a vu, est de situer : rêver, c'est mettre le désir au carrefour des sexes et des noms, du temps, des lieux, des vies et des morts. Placé au centre de constellations dont il semblait le pur produit, voici ce désir mis en position d'être leur dénominateur commun. Sa finitude se fait mesure de mondes multiples et sans fin. Elle les rythme et leurs pulsations le parcourent, l'irriguent en retour... Peut-être si les cartes du rêve rendent si bien compte des contours, des sens interdits, des fractures sur lesquelles le désir butc, mais aussi s'appuie, c'est que, placées dans le milieu de l'âme, ces limites changent de statut. Désespérantes à l'état de veille, elles isolent, coupent du monde, replient le sujet sur lui et lui font sentir l'inexorable fatalité où il est pris. Mais, plongées dans l'espace du rêve où le déterminisme n'a plus cours, elles deviennent, bien que restant les mêmes, lieux de passage pour des courants puissants et ignorés de nous. D'où la sorte de liberté à laquelle la métaphore ouvrirait chaque nuit. Liberté paradoxale, puisque liée à la rigueur des cartographies.

Tout clinicien peut le remarquer : plus précise, plus différenciée se découvre la mise en scène de rêves, si pénibles soient-ils, mieux le rêveur s'en trouve, une fois le travail d'association fait. Tout se passe comme si les réseaux que la métaphore a tissés parcouraient nos objets diurnes, leur forme rigide, déterminée, pour leur rendre une épaisseur vraie. En échappant, le temps du rêve, aux lois de la causalité, en s'articulant à ce qui vient en deçà et au-delà d'eux, ces objets gardent avec eux quelque chose de cette douceur nocturne, de cet entre-deux sans lequel le jour nous tuerait à force de nous consumer.

Mais peut-être ne peut-on soupçonner les vertus

du rêve et de l'âme que si l'on en a été privé ? Certaines personnes, blessées « au cœur », ou bien malades chroniques de l'âme (dépressives, mélancoliques, maniaques), rêvent en vain. La métaphore n'opère presque plus.

Les images oniriques gardent une cruelle netteté. Leurs contours blessent. Leur fixité réveille, vous chassant du sommeil d'un coup, et pour le reste de la nuit. Celui dont l'âme est brisée ne peut plus se laisser rêver. Elle lui manque comme le milieu où les choses peuvent dériver, nous quitter, se perdre dans les eaux du fleuve pour vivre leur propre vie. L'éveil aussi a disparu. On se retrouve en un instant cloué par une vigilance aiguë. Le temps, le corps et l'espace resteront autant de noyaux durs. Cette jointure fondamentale qui n'est ni le corps ni l'esprit, mais l'obscurité vivante qui les prolonge et où ils puisent leur commune part d'infini, devait-elle disparaître pour qu'on découvre qu'avant, elle se tenait présente à tout instant de votre vie ?

Ainsi l'âme dresse ses cartes pour « orienter » le rêveur à l'intérieur d'un pays qui est elle-même, et dans lequel nous entrons chaque nuit.

*
* *

Qui n'a pas analysé l'un de ses rêves, c'est-à-dire patiemment déployé, au fil des mois et des années, le vaste réseau d'images, de sons, de sens qui se resserre dans un texte de quelques mots, ne peut avoir l'idée ni de la complexité des montages dont il est fait ni de la virtuosité requise par sa fabrication. Rien dans les déplacements et substitutions de lettres, phonèmes, significations — bref, dans tous ces jeux de mots qui font du rêve un agencement de métaphores en mouvement — n'a été laissé au hasard. S'étonne-t-on jamais assez du fait que, dans l'activité onirique, tout langage, qu'il soit verbal, visuel, gestuel, joue de lui-même, témoignant d'un savoir spontané ? Par quelle sorte de pensée le rêve est-il inspiré ? On songe à ces peintres calligraphes taoïstes qui travaillent « la main et l'esprit restant vides, l'écriture devant être rapide, fulgurante, toute naturelle et jaillir de l'idée ». L'idée n'est pas ici entendue comme représentation délibérément conçue. Elle n'est pas plus celle du peintre que n'est le fait du rêveur le montage instantané que le rêve réussit. Pour que l'idée puisse advenir, est-il précisé, il importe que l'esprit se soit vidé de toute pensée particulière. Alors il devient possible, « sans qu'on sache comment cela s'est fait [...], d'emprisonner le ciel et la terre dans la cage des mots [...], d'enclore l'infini de l'espace dans un carré de papier [1] ».

Cet infini, quant à lui, le rêve le condense, en un mot. Sa « pensée », tout aussi spontanée que l'idée qui jaillit du pinceau (et qui n'est pas à entendre dans le sens platonicien du terme, mais comme prin-

1. Maximes et réflexions de Mi-Fou, peintre calligraphe chinois du XIe siècle, citées par Marinette Bruno, « Le vide à la source de l'inspiration », revue Hermès, nouvelle série, n° 2.

cipe organisateur), n'exigerait-elle pas, pour se former, que le rêveur fasse le vide à son tour ?

Encore faudrait-il s'entendre sur ce mot. La plupart des traditions, celles, particulièrement, qui s'abstiennent de poser l'a priori d'un Dieu unique et tout-puissant, appellent *vide* le lieu qui s'ouvre entre les deux pôles d'une dualité (actif/passif, présent/éternel, moi/non-moi), et d'où s'élance le mouvement qui organise la réalité. Des rapports étroits sont donc posés entre l'âme et la vacuité, qui est plus que son centre : son moyeu. Si nulle trace de ce mot n'existe dans ce petit livre, c'est qu'insérés dans la culture judéo-chrétienne, ni Freud ni les romantiques n'ont pu songer à s'en servir. Bettelheim semble, si l'on se tient à son vocabulaire strict, avoir suivi leur chemin, puisque le titre d'un de ses plus grands livres, *La Forteresse vide*, fait usage du mot dans le sens non traditionnel, banal, par conséquent péjoratif. *Vide*, ici, appliqué à la psychose infantile, signifie « désert » et « stérile ».

L'enfant autiste, « forteresse vide », ne parle plus, ne bouge plus. Mais s'il se fait tout entier néant, n'est-ce pas que, privé du vide, qui meut, émeut, bref nous fait vivre, il ne lui reste qu'une issue : construire un faux vide en annulant le plus humain de ses fonctions. Et la tâche du thérapeute ne consiste-t-elle pas, dès lors, à partir avec l'enfant, à la recherche d'une vacuité vraie par laquelle l'âme serait restaurée ?

L'une des petites filles qui vivaient à l'Ecole orthogénique disait : « Marcia est une fille forte. »

— « Forte pour quoi ? » — « Forte pour ne rien faire. » Et, lorsque nous lui demandâmes, précise Bruno Bettelheim, de façon plus spécifique : « Ne te sens-tu pas mieux lorsque tu parles de ce qui est effrayant ? » elle répondit : « Encore plus effrayant [1]. »

Plus que de tout autre objet, l'enfant psychotique a peur des mots. C'est qu'il arrive que les paroles les plus décisives de la vie, celles qui dès la naissance articulent notre relation à l'ailleurs et à l'autrui, deviennent les signes d'une jouissance sexuelle trop précocement vécue. Pour donner sens, le langage, bien qu'accordé au réel, doit se déployer dans un espace propre. Quand certains mots servent une séduction où l'enfant est objet passif, le langage et la réalité ne peuvent plus se distinguer. Le vide se comble, et la parole, « trop » sexuée, se transforme en objet d'horreur. C'est pourquoi, désormais, l'enfant se tait.

L'immense travail de rigueur, de patience et d'imagination que Bettelheim poursuit avec ses collaborateurs, pourrait se concevoir comme dissolution de la chose insoutenable que la parole est devenue. A cette fin, les enfants de l'Ecole orthogénique vivent la relation à l'autre de telle sorte que, peu à peu, langage et sexualité se découvrent comme deux registres, liés, certes, mais séparés. Tout particulièrement, l'éthique de l'éducateur responsable de la vie quotidienne est orientée à cet effet. A l'horizon

1. B. Bettelheim, *La Forteresse vide*, N.R.F., p. 285.

de tous les gestes, de tous les mots, de toutes les tendresses qui s'adressent à l'enfant, un certain silence est là. Non que le thérapeute s'abstienne de parler. Mais il ne dit rien des impulsions, de la fatigue, voire des dégoûts qu'il assume, dans le cadre de sa relation à l'enfant. Les jours, les années passant, ce silence se manifeste comme la preuve qu'une façon d'être peut exister, où l'érotisme de l'adulte, loin d'envahir l'intimité de l'enfant, est fermement contrôlé, tenu par lui à sa place, c'est-à-dire hors de l'institution (là où le thérapeute vit comme il en a le désir et l'envie). Parler d'ascèse n'est pas excessif à propos des thérapeutes de l'Ecole orthogénique. Les efforts qu'ils s'imposaient les plaçaient à la limite extrême de leurs forces morales et pulsionnelles.

C'est donc en faisant le vide par une démarche personnelle, c'est en travaillant, comme on dit, sur eux-mêmes que ces hommes et ces femmes réussissaient à décoller la parole du réel sexuel qui la retenait figée. Les deux pôles (symbolique et réalité) se retrouvaient alors constitués. Entre eux ce vide, pratiqué comme silence. De cet espace médian, un jour jaillit le mouvement.

Lorsque pour la première fois, dans la préface de ce livre, la réalité de l'âme est affirmée, Bettelheim dit qu'elle véhicule « une puissance intense d'émotion ». Sans cesse, ensuite, l'auteur associe les deux mots — âme et émotion —, liaison qui peut laisser perplexe. En France, en effet, l'émotion désigne un état plutôt passif et antagoniste de l'action. L'émotion s'éprouve, se ressent à l'occasion d'un événement qui nous déborde, et face auquel, au moins dans un premier temps, nous demeurons impuissants. En mettant l'accent, d'emblée, sur la « puissance d'émotion », l'auteur ne figure-t-il pas l'âme comme une sorte de creuset, de réceptacle passif, où viennent au hasard se mêler les mouvements innombrables de notre sensibilité ?

Quand on lit les écrits cliniques de Bettelheim, une certitude s'impose très vite ; c'est à l'action que cet analyste hors de pair veut rendre l'enfant [1]. Il ne s'agit pas d'inciter celui qui souffre à un activisme auquel d'ailleurs il se refuserait, mais de créer les conditions pour qu'une initiative ait lieu, de la part de l'enfant, librement. Lorsqu'elle surgit comme mouvement irrésistible, spontané, alors Bettelheim parle d'émotion. Etymologiquement (à partir de *movere*, « mouvoir », et de *ex*, « hors de », *émotion* signifie « faire bouger », « mouvoir hors de ». Affirmer, comme Bettelheim le fait à plusieurs reprises, que le seul moteur d'une cure, c'est l'âme, et avec elle l'émotion dont elle est puissamment chargée, ne signifie donc pas qu'une analyse se fonde sur les sentiments. L'accent est mis, grâce à ce mot, sur la force de l'impulsion qui, tout comme dans le rêve,

1. Ainsi, dans *La Forteresse vide* : « Je pense que Winicott considère le nourrisson comme trop passif au cours des processus d'adaptation. Il est vrai que la plus grande partie de l'adaptation, la presque totalité au début, vient de la mère. Mais le nourrisson aussi est d'emblée actif » (p. 47). — On a enfoui l'importance qu'a pour l'enfant de faire quelque chose de lui-même » (p. 58). — « Plus je peux faire ce qui me semble valoir la peine d'être fait, plus je suis moi-même » (p. 61).

le dessin, la calligraphie, jaillit spontanément du vide qu'ici non pas le sujet lui-même, mais un autre a réalisé.

Lorsque Freud parle de l'âme, dit Bettelheim, « il met l'accent sur le fond d'humanité que nous avons en commun ». Ces propos suggèrent que, au-delà de l'histoire familiale, du langage, de la terre, de ses régions culturelles et naturelles, de tous ces biens donc que les hommes mettent en commun, une partie de nous-même, l'âme, soit le lieu à travers lequel tous ces capitaux précieux peuvent s'échanger et circuler. Dans la psychose infantile, où la parole s'est figée, il est vain d'attendre du langage un moyen de communiquer. En revanche, le silence actif du thérapeute reste susceptible de passer de l'adulte qui le crée à l'enfant à qui il est donné. Rien ne saurait démontrer plus clairement que la psychose (et les structures que Bettelheim appelle « extrêmes »), que le langage ne peut pas être en lui-même le véhicule d'une communication vraie. Il ne devient tel qu'à la condition de faire du vide son centre silencieux : c'est-à-dire de se tenir à la place de l'âme, précisément.

Il n'en va pas autrement dans les structures plus normales. Dans une cure de névrosé, qu'appelle-t-on *interprétation* ? Qu'est-ce qui, entre l'analyste et l'analysant, est susceptible de se transmettre, grâce à quoi un pas de plus peut être fait ? Ni le fantasme, qui appartient au moi qui l'a fabriqué, ni les formations inconscientes, ni encore moins des idées. Ce qui passe est le milieu mobile, flottant, silencieux dont le travail associatif de deux personnes est le support.

*
* *

Soit, dira-t-on, ce milieu possède une certaine réalité, mais pourquoi l'attribuer à l'âme ? Elaboré pendant le sommeil, le monde du rêve n'est-il pas le produit de l'inconscient ? Et, de ce vide dont vous parlez, Lacan n'a-t-il pas fait « le point central » de la structure inconsciente du sujet [1] ?

Entre les ressorts de l'âme et les formations de l'inconscient, entre leur façon de procéder et leurs effets respectifs, une ligne de démarcation devrait pouvoir, en effet, être tracée.

Les romantiques allemands se sont servis largement du concept d'inconscient. On le retrouve chez les plus grands, constamment associé au rêve. « Partie nocturne de l'âme [2] », il désigne tout processus

1. Jacques Lacan, *Radiophonie*, Le Seuil.

2. Carl Gustav Carus, écrivain et peintre romantique, ami, élève de Caspar David Friedrich, tient ces propos bien représentatifs de la réflexion de ce temps : « Clos ton œil physique, afin de voir d'abord ton tableau avec l'œil de l'esprit. Ensuite fais monter au jour ce que tu as vu dans ta nuit... », et encore : « Tout ce qui travaille, crée, agit, souffre, fermente et couve dans la nuit de la vie de notre âme inconsciente, tout ce qui s'y manifeste, d'une part dans la vie de notre organisme, d'autre part dans les influences que nous recevons des autres âmes et de l'univers entier [...], tout cela monte avec un accent particulier de la nuit inconsciente à la lumière de la vie consciente... » Cité par Albert Béguin, *L'Âme romantique et le rêve*, José Corti, pp. 126 et 135.

psychique, ou même organique, auquel la conscience n'a pas accès. Freud, donc, n'invente pas le mot, mais il lui donne un sens nouveau, plus rigoureux et plus étroit. Parmi les faits psychologiques qui se produisent à notre insu, l'inconscient ne désignera plus que ceux grâce auxquels les fonctions symboliques et sexuelles se différencient et se nouent. Convenons de nous servir, comme le fait ici Bettelheim, de ce terme dans le sens exclusif où Freud l'a utilisé.

Il est certain que la découverte freudienne passe par la prise en compte de la toute-puissance des mots. A toutes les informations communes aux vivants qui nous programment s'ajoutent celles qui sont propres au langage. Nous parlons avec les mots, mais ceux-ci, de leur côté, nous parlent sans que nous le sachions. Notre corps, nos pensées se font, en rêve par exemple (mais aussi dans l'hallucination, le symptôme névrotique), substance, signification, grammaire, logique d'un discours qui se tient comme en dehors de nous. De même que nous sommes la scène d'une multitude d'événements biologiques et physiques où cellules, atomes, particules se heurtent, se scindent, se coagulent, s'expulsent sans que nous le décidions, de même phonèmes, mots, fragments de langue sont entraînés dans une danse que la conscience ne conduit pas. Soumis à ces automatismes où l'entraîne le jeu des mots, et dans lesquels Lacan reconnaît à juste titre la pulsion de mort, l'homme serait comme leur pur reflet, rien ne lui appartiendrait en propre, et le langage, machine inhumaine livrée à elle-même, se déchaînerait si la pulsion de vie n'opposait une résistance à la toute-puissance des mots. Il existe deux manières au moins d'aller contre un tel pouvoir. La première consiste à diviser les chaînes du discours inconscient, à les infléchir en figures qui, dirigées une fois pour toutes dans le même sens, se disposent en fantasmes ou stéréotypes selon lesquels l'érotisme le plus souvent se joue. Ce travail de noyautage est spécifique de l'inconscient. L'âme, elle, procède en allant chercher les pulsions de mort à la racine. L'inconscient et la conscience sont par elles mobilisés pour les prendre en compte et les transformer. Entre le travail de l'âme et celui de l'inconscient, une synergie peut exister, mais il reste que l'un et l'autre s'appuient sur des procédés différents.

Tout au long de cet ouvrage, Bruno Bettelheim pose une question : pourquoi les traducteurs de Freud ont-ils forgé des concepts qui, sous prétexte d'objectivité, coupent sa pensée de toute émotion ? Pourquoi figent-ils la vie, toujours présente et sensible lorsqu'on lit Freud en allemand, à force de mots pseudo-scientifiques ? J'aurais envie de lui répondre : cette façon de séparer une théorie, à l'aide de concepts rigides, de la personne qui l'a pensée ne répond qu'en apparence à un souci de rigueur. L'« objectivité », ici, sert à forger des mots tels qu'ils deviennent, pour ceux qui s'en servent, des objets érotiques parfaits. En d'autres termes, nos traducteurs fabriquent des stéréotypes, au profit d'une économie fantasmatique de la pulsion de mort. Ainsi suivent-ils la pente de l'inconscient et vont-ils de cette manière dans le sens inverse du style de Freud, où, paradoxalement, l'âme l'emporte.

De tels propos appellent une explication. A l'origine du fantasme inconscient, Freud, à raison, a vu la séduction. Ce mot, qui vient du latin *seducere*, « séparer », désigne l'opération qui consiste à détacher, isoler dans la métaphore où le désir de l'autre jaillit certains fragments jugés les plus « beaux », parce qu'ils sont particulièrement accessibles à la sensibilité de celui qui fragmente et choisit. Un double bénéfice s'ensuit. D'abord les chaînes symboliques, qui menacent par leur « toute-puissance » notre moi et son identité, se trouvent ainsi fragmentées, et par là même noyautées. Par ailleurs, les fragments obtenus au terme de cette séparation peuvent s'investir comme les objets obscurs et miroitants autour desquels s'organisent le fantasme et ses circuits. Le mystère qui enveloppe de tels objets, et les rend « excitants », s'explique par le fait qu'ils sont coupés du tout susceptible de les signifier. C'est pourquoi il ne faut jamais en saisir qu'une partie. Mais aussi l'inconscient les choisit en fonction de certains traits de raideur ou de fixité qu'ils possèdent à des titres divers. Ainsi, tel geste un peu rigide, tels stéréotypes dans la façon d'agir, tel type d'esprit borné peuvent entrer pour beaucoup dans le choix du séducteur. On voit dans *Un amour de Swann* le héros passer son temps à accommoder les traits d'une femme qu'il n'aime pas, qui « n'est pas son genre », mais dont il veut à tout prix tomber amoureux, sur une œuvre de musée, la *Zephora* de Botticelli. Une fois le visage d'Odette fixé sur le portrait vénéré, alors Swann peut cadrer son objet, et du même coup l'« aimer ». Ainsi procèdent nos traducteurs, qui désirent de toutes leurs forces, mais à leur manière, « aimer » Freud, et ne le peuvent qu'à condition de figer la complexité de sa pensée en « concepts » privés de vie.

La rigidité de l'objet que le fantasme inconscient nous fait voir comme désirable l'apparente tout autant à une érection phallique qu'à une image de mort. Le visage d'une femme aperçu d'un certain biais, l'image de pub ou de ciné qu'on a figée dans un déclic, le concept qu'on coupe du contexte qui lui donnait son sens vrai, tous ces fragments placés au carrefour des pulsions de vie et de mort rendent possible de transformer en plaisir la fatalité. Un certain temps. Mais peu importe si l'illusion se défait, puisque les objets sont interchangeables. Le fantasme se conserve tel quel dans l'inconscient, prêt à servir. Il se remettra à fonctionner dès que surgira un autre objet.

*
* *

L'âme refuse la fragmentation. Puisque la pulsion de mort ne peut pas être évitée, au lieu de la virer au compte de stéréotypes et de faux objets, elle va au-devant d'elle, l'assume en y impliquant l'être tout entier. Bien des voies sont par elle empruntées, qui diffèrent selon les méthodes, les religions, les philosophies. Mais il y a dans sa démarche une constante qui ne se dément jamais. C'est avec l'automatisme qu'elle compte en premier lieu. Qu'on parle en Occident d'« oraison », en Orient de « méditation », que l'adepte s'en remette à Dieu, au vide, au cosmos, les exercices qui fortifient l'âme exigent que l'esprit et le corps passent par les défilés sans fin de la répétition. Citons, entre mille exemples, celui que la tradition, à partir du Ve siècle, appelle la « prière du cœur ». Centre de l'intelligence et de la sagesse, le cœur doit se tourner vers Dieu sans cesse. Les *Récits d'un pèlerin russe* reprennent cette tradition. On y voit un moine pèlerin découvrir et pratiquer progressivement la « prière du cœur », telle qu'elle lui fut expliquée par son guide spirituel : « Voici un rosaire avec lequel tu pourras faire, au début, trois mille oraisons par jour. Debout, assis, couché ou en marchant, dis sans cesse : "Seigneur Jésus-Christ, ayez pitié de moi", doucement et sans hâte. Et récite exactement trois mille oraisons par jour. C'est ainsi que tu parviendras à l'activité perpétuelle du cœur... » Le pèlerin s'emploie à ce travail et s'entend dire quelques jours plus tard : « Te voilà habitué à la prière. Vois-tu, il faut maintenant garder cette habitude et la fortifier. Ne perds pas de temps, et avec l'aide de Dieu, prends la résolution de réciter douze mille oraisons par jour [1]...

L'analyste contemporain sera frappé par de telles

1. *Récits d'un pèlerin russe*, coll. « Points Sagesses », Le Seuil, pp. 33 à 35.

techniques qui exigent de la part du novice une pratique du « signifiant », répété délibérément, dans toute sa monotonie, son interminable ressassement. Il ne s'agit pas seulement d'y assujettir la pensée, mais le corps avec son ordre et ses rythmes. « Au bout de quelque temps, je sentis que la prière passait d'elle-même dans mon cœur, c'est-à-dire que mon cœur, en battant régulièrement, se mettait en quelque sorte à réciter, en lui-même, les paroles saintes sur chaque battement, par exemple : 1 Seigneur, 2 Jésus, 3 Christ, et ainsi de suite... »

Tout se passe comme si, en décidant, non seulement de reproduire l'automatisme inconscient qui nous assujettit, mais aussi de l'articuler aux pulsations du corps, de la vie, le pratiquant donnait une efficience, une « vertu » nouvelle aux jeux de mots qui se produisent d'ordinaire dans l'isolement de l'inconscient. « La prière spontanée du cœur a été ma consolation tout au long de la route ; elle n'a jamais cessé de me réjouir... Si je travaille, la prière agit d'elle-même dans mon cœur et mon travail va plus vite ; si j'écoute ou lis quelque chose avec attention, la prière ne cesse pas, et je sens, au même moment, l'un et l'autre comme si j'étais dédoublé, ou que, dans mon corps, se trouvaient deux âmes. Mon Dieu ! Combien l'homme est mystérieux [1] ! »

La référence à l'existence d'une deuxième âme exprime bien qu'un territoire nouveau est conquis par la pratique de l'oraison. Les mystiques ont sou-

---

1. *Récits d'un pèlerin russe.* Op. cit. *Ibid.*, p. 71.

vent parlé d'une telle découverte. Un lieu s'ouvre : c'est l'âme, lieu où, comme dit Thérèse, l'âme vient d'entrer. « J'ai l'air de dire une bêtise : puisque ce château est l'âme, il est clair qu'elle n'a pas à y pénétrer... Mais vous devez comprendre qu'il y a bien des manières d'y être : de nombreuses âmes sont sur le chemin de ronde... Vous avez sans doute déjà vu certains livres d'oraisons conseiller à l'âme d'entrer en elle-même ; or c'est précisément ce dont il s'agit [1]. » On entre donc. La demeure s'ouvre, s'agrandit jusqu'à devenir la scène de mouvements aussi précis qu'impétueux. Sifflements, accélérations, jaillissements, sauts, envolées, entendus, vus, avec « les yeux » et « l'ouïe » de l'âme, vont jusqu'à emporter, ravir à la fois le corps et l'esprit [2]. Une fois de plus, l'analyste, guidé par ses propres repères, sera tenté de reconnaître, dans le théâtre de ces mouvements, « l'autre scène », c'est-à-dire l'inconscient. Et il est vrai que ceux-ci, par exemple accélérations et sauts, mis en scène dans un rêve, ou surgis spontanément comme vécu hallucinatoire, semblent

---

1. Thérèse d'Avila, *Oeuvres complètes, Le Château intérieur ou les Demeures*, p. 873.

2. *Id., ibid.*, « Parfois on sent soudain un mouvement de l'âme, si accéléré que l'esprit semble emporté par une volonté qui fait grand-peur, particulièrement dans les débuts. C'est pourquoi je vous disais que ceux à qui Dieu accorde ces grâces, doivent avoir beaucoup de courage, de la foi et de la confiance » (p. 975) ; et plus loin (p. 978) : « ... ce qui est vrai, c'est qu'à la vitesse d'une balle sortie d'une arquebuse à laquelle on a mis le feu, il se produit intérieurement une envolée dont le mouvement est si clair, bien que sans bruit, qu'on ne peut l'attribuer à l'imagination. »

bien alors jaillir du grand « chaudron », comme disait Freud, où bouillonnent les pulsions. Mais une chose est que ces mouvements arrivent comme en direct de l'inconscient, une autre qu'ils se déploient dans une étendue *en supplément*, que la conscience veut et construit en s'en remettant aux forces d'un amour transcendant. Dans un cas, ce mouvement s'expérimente comme angoisse, dans le second, même si son élan effraie l'âme, exige d'elle, comme dit Thérèse, le plus grand « courage », la tonalité de l'émotion est sans conteste celle de la joie [1]. Ce n'est donc pas le mouvement qui, en lui-même, détermine la qualité de l'émotion, mais la nature particulière du lieu où il se déploie : territoire *en supplément*, qui fut ouvert par la méditation et qui se caractérise par le fait que la conscience et l'inconscient forment comme la chaîne et la trame de son étendue. Ne se fonde-t-il pas, en effet, sur une volonté [2] qui mobilise les facultés les plus hautes de l'attention, de la conscience par conséquent ? Tandis que ce même « vouloir », en répétant corporellement, physiquement, la répétition, accorde toute la personne à

1. *Id., ibid.*, p. 976.

2. Michel de Certeau, *La Fable mystique*, N.R.F., 1982, et notamment le chapitre « La scène de l'énonciation », p. 216 et suiv. A « l'incertitude d'un savoir », le mystique oppose, remarque l'auteur, « la fermeté du vouloir » : « Un verbe performatif désigne cet acte, un présent donc : *volo.* » « Non pas : je voudrais bien, mais : je veux », précisait maître Eckhart. Trois siècles et demi plus tard, Surin requiert de ses interlocuteurs qu'ils aient fait ce qu'il appelle « le premier pas » : « une volonté déterminée de ne rien refuser à Dieu », et cela « tout à coup », maintenant et entièrement.

l'inconscient et à ses lois. Ainsi l'âme non seulement se connaît, se tend, se raffermit en proportion d'un acte de volonté, mais elle advient comme jonction de la conscience et de l'inconscient. Assurément, les convictions des mystiques ne sont pas celles qu'exprime Bettelheim[1]. Les uns s'en remettent à Dieu, le second se déclare athée. Mais, de fait, l'âme dont ils parlent est bien la même : un joint vide, puissant, mouvementé, par quoi les temps et les lieux, les êtres humains, le corps et l'esprit, l'inconscient et la conscience s'articulent, et faute duquel toutes ces réalités demeureraient, selon l'expression de Dante, « autant de feuillets épars de l'univers ».

*
* *

Reste au lecteur à décider si Freud, le grand découvreur d'Eros, en appelant *psychanalyse* la technique qu'il inventait, entendait souligner qu'elle est expérience de l'âme avant tout. Peu importe qu'il ait préféré se tenir à l'écart des mystiques, ou qu'il s'en soit par principe méfié. Cela n'a pas empêché, bien au contraire, qu'il ait mis au point une méthode qui par des voies plus modestes, moins absolues,

1. B. Bettelheim, à ma connaissance, est l'un des seuls psychanalystes freudiens qui aient mis l'accent sur le rôle indispensable de la conscience : « Ainsi ce que techniquement nous appelons des associations libres, ce ne sont plus de vagues images ou sentiments, mais des idées qui ont été ordonnées en pensées et exprimées sous une forme qui implique, d'une manière ou d'une autre, une action. Produire, apprendre à exprimer des idées et des sentiments vagues, sous une forme impliquant une action, même une action virtuelle, est curatif » (*La Forteresse vide*, p. 115).

plus accessibles à l'ensemble des humains, rend possible le déploiement progressif de ce lieu *en supplément*, qui est celui de l'âme, électivement. La règle qu'il énonçait : « Dites ce qui vous vient à l'esprit », doublée de celle dite d'attention flottante qu'il se fixait lui-même (laisser aller ses pensées en fonction de ce qu'il entendait), fondait cette entreprise parfaitement. Elle exigeait que l'analysant et l'analyste, en portant leur attention sur les mots et leurs implications, prennent en compte et développent non seulement les pensées, trouvailles, émotions spécifiques de l'inconscient, mais aussi les stéréotypes, répétitions qui lui sont propres, avec ce que ces processus supposent d'ingratitude et de monotonie. Faire un travail d'association (à propos d'un rêve, par exemple) ne va pas de soi. L'analysant et l'analyste éprouvent, fréquemment, la plus grande résistance, voire répulsion à revenir sur des mots qu'on a déjà dits et qui reviennent sans répit. Tout cela semble si bête, si inutile, si peu sérieux. Il est tellement plus tentant de meubler une séance de « réflexions », de souvenirs. Mais la psychanalyse, en tant qu'elle est d'abord une pratique des mots, exige, sauf exceptions, que l'on passe sur ces constructions. Un lieu se construit, dès lors, où l'activité consciente (attention, imagination, raisonnement) tend à se produire en accord avec celle de l'inconscient. Dans une « analyse » de rêve, où le rêveur et l'analyste s'associent pendant plusieurs séances, à propos de quelques mots, comment dissociera-t-on le travail de la conscience qui cherche, pense, reste en suspens, éclaire et sépare par le jugement, de l'invention inconsciente d'une métaphore qui surgit, en raison non seulement de l'histoire et de la structure du rêveur, mais de son présent immédiat. Le rêve n'est-il pas réponse à ce mot que l'analysant, la veille, a prononcé sur le divan, à cette question qu'il s'est posée ? Naturellement, entre ces deux instances, irréductibles par essence, conflits et tensions demeurent. Et si la pratique mystique suppose l'intrépidité d'une conscience qui se fait la scène de mouvements, tourbillons pulsionnels toujours plus vertigineux, la psychanalyse, elle, s'en tient à lier par métaphore les deux instances, à faire qu'au fur et à mesure des séances il devienne toujours plus impossible de décider l'exacte provenance des paroles en train de s'énoncer. Dans le rêve qui, tout à l'heure, nous avait servi d'exemple, d'où vient l'églantier ? Il surgit comme le produit d'une seule et même activité, où la conscience et l'inconscient ont chacun partie liée. Le déploiement de l'espace « en plus », qui sert de joint aux deux instances, s'opère donc en fonction d'un travail. Sans cet acte que veut la conscience, l'âme ne trouverait pas sa place. D'ailleurs la cure, telle que Freud l'a conçue, ne repose-t-elle pas sur une décision préalable et fermement maintenue par les deux parties prenantes ? Avant que le traitement s'engage, un contrat s'énonce et se conclut : aussi longtemps que l'analyse se poursuivra, les souffrances et les conflits, autant qu'il sera possible, ne se régleront plus dans la vie quotidienne, par compromis. Ils seront parlés, simplement, c'est-à-dire placés dans l'entre-deux qu'ouvre l'âme entre inconscient et conscience, analyste et analysant. A l'âme, désormais, d'opérer par elle-même, et de « guérir ». A sa façon, qui n'abolit ni ces souffrances ni ces conflits dans la réalité, mais qui les ouvre à une sorte nouvelle, différente, de liberté.

*
* *

On reproche aux psychanalystes de s'obstiner à vouloir résoudre le présent par le passé. Depuis cent ans, ils se maintiendraient dans l'illusion qu'en exhumant de l'inconscient les vestiges de l'enfance et de la sexualité on peut venir à bout des symptômes et des blocages d'un sujet. Cette critique est largement fondée. Freud l'avait d'ailleurs devancée, puisque, dans la deuxième partie de sa vie, il mesurait et formulait l'insuffisance de son projet. La remémoration des circonstances qui entourent le traumatisme n'apporte pas, constatait-il, le bénéfice escompté. Puisqu'une fois « analysée », la souffrance a bien des chances de resurgir sous une forme simplement modifiée, une autre méthode doit être trouvée. L'analyste s'appuiera sur l'amour et sur la haine que l'analysant lui porte, le plus souvent à son insu. Les forces ainsi mises en jeu créeront un transfert ou déplacement. De passé, le symptôme deviendra le présent de la relation. Pris dans le mouvement de la vie, il s'y intégrera peu à peu, et par là même se défera de la sclérose qui interdisait toute adaptation.

Il n'y a donc pas de psychanalyse qui ne se fonde sur le transfert : vérité sur laquelle, au moins, tous les analystes tombent d'accord. Les divergences apparaissent dès qu'il s'agit de préciser les forces qui sont mises en jeu. Ou bien l'analyste considère que les représentations, sentiments, agissements revécus dans la relation ne sont rien d'autre, comme disait Lacan, que la « mise en acte de l'inconscient ». Ou bien, tout en reconnaissant le transfert comme ce théâtre, il prend en compte le rôle que la conscience peut y tenir. Dans le premier cas, cette instance se concevra comme une entité passive, tout juste bonne à exprimer l'inconscient dont elle est l'effet, sans que la possibilité d'une relation inverse (où la conscience modifierait un mécanisme pulsionnel) soit jamais envisagée. Dans le second cas, l'analyste cherchera à tirer parti des facultés de celle-ci. Sans doute l'imagination, l'attention, l'intuition, et surtout la détermination que chaque analysant apporte dans le travail qu'il entreprend subissent-elles régulièrement le contrecoup des résistances et du refoulement. Mais à l'inverse, sans elles, il serait impossible de frayer des voies grâce auxquelles non seulement l'inconscient vient à leur rencontre, mais aussi l'âme se réalise comme milieu doué de vertus propres. Dans la pratique, donc, la prise en compte de la conscience et de l'âme suppose qu'une large place soit faite au travail d'association, où conscience et inconscient sont impliqués également. Une telle façon de faire bouleverse plus qu'on ne croit les fondements théoriques sur lesquels les analystes s'appuient. La plupart des praticiens freudiens ne tiennent-ils pas pour assuré ce que personne, jamais, n'a démontré : que tout contenu psychique, du plus sommaire au plus élaboré, est le produit exclusif de l'inconscient ? Compter dans une cure avec l'âme, c'est dépasser la conception d'une relation univoque, de cause à effet, entre l'inconscient et la conscience. C'est mettre en cause la certitude qui veut que le désir soit déterminé par l'inconscient exclusivement. C'est construire un territoire où la conscience, aussi, prend part, moins par ses contenus qu'en acte, à la mutation de la personne.

Refuser l'existence à l'âme implique que l'inconscient soit seul maître à bord et infléchit la pratique autrement. L'analyste écoute, attentif à saisir un désir qui, supposé sortir tout droit de l'inconscient, dit non seulement la vérité, rien qu'elle, mais aussi toute la vérité. Point de place pour une autre, donc. Le champ libre est laissé, de fait, à la vérité qui se conserve dans l'inconscient, intacte, prête à servir, et qui est celle que le fantasme dispose et démontre, pour le plaisir. La décision théorique que seul l'inconscient dit vrai aboutit donc dans la pratique à faire surgir comme fatalité, vérité ultime à laquelle on ne peut que se conformer, le fantasme et le rapport partiel qu'il instaure avec les objets d'« amour ». Que l'analysant se fasse, à son tour, psychanalyste, que peut-il faire sinon rire de l'âme, et la craindre comme le tout qui entame sa jouissance ? Ainsi, les « choix » théoriques ne font-ils jamais que voiler l'éthique ou l'esthétique à laquelle on tient.

M.M.

INTRODUCTION

Les traductions anglaises des écrits de Freud présentent à bien des égards de graves défauts. Non seulement des conclusions inexactes en ont été tirées sur l'homme qu'était Freud, mais aussi sur la psychanalyse. La *Standard Edition of the Complete Psychological Works of Sigmund Freud*, qui fait pourtant autorité, ne constitue pas une exception. Après avoir lu les critiques que je présente dans ce livre à propos de cette traduction, le lecteur demandera peut-être pourquoi j'ai attendu si longtemps pour les publier, ou pourquoi d'autres n'ont pas formulé encore de critiques similaires. Evidemment, je ne peux répondre à cette seconde question sans risque de me tromper, mais les raisons de ma propre réticence nous indiqueront peut-être pourquoi d'autres aussi ont hésité à critiquer les traductions.

De conversations avec des amis, il ressort que beaucoup de ceux qui, comme moi, ont l'allemand comme langue maternelle, et qui émigrèrent à un certain âge aux Etats-Unis ne sont pas satisfaits du tout de la façon dont on a rendu en anglais les œuvres de Freud. Le nombre d'inexactitudes ou carrément d'erreurs qui figurent dans les traductions est énorme. Ne corriger simplement que les plus flagrantes serait un travail considérable, et il serait extrêmement difficile de décider par où commencer et sur quoi se concentrer. Pourtant, les scrupules à discuter ouvertement de la médiocrité des traductions disponibles reposent, je crois, en fin de compte, sur des réserves plus sérieuses.

La plupart des traductions ont été achevées du temps de Freud, et ce dernier les a acceptées ou, en tout cas, les a laissé passer. Le rédacteur en chef de la Standard Edition était parmi ceux qui suivaient Freud, et celui-ci lui faisait personnellement confiance pour traduire certaines de ses œuvres. La corédactrice fut Anna, fille de Freud, la personne la plus proche de lui à la fin de sa vie, et qu'il choisit pour lui succéder. Dans de telles conditions, critiquer les traductions serait revenu à critiquer le maître vénéré lui-même. Et chacun hésitait à le faire, tout en gardant l'espoir persistant que d'autres — dans l'idéal, les héritiers de Freud choisis par lui — s'attelleraient à cette tâche pénible mais bien nécessaire.

J'ai espéré près de quarante ans. Je sais que d'autres, plus proches que moi des rédacteurs de la Standard Edition, ont abordé le problème et proposé divers remèdes, par exemple ajouter dans un vingt-cinquième volume un glossaire de corrections. L'éditeur n'a accepté aucune de ces suggestions.

La plupart des gens qui vivaient dans la Vienne de l'époque de Freud, et qui se sont familiarisés avec sa pensée dans cette ville et de son vivant, sont morts, ou ont dépassé soixante-dix, voire quatre-vingts ans, et approchent de la fin de leur vie. Par conséquent, si l'on doit jamais corriger les fautes de traductions qui abondent malheureusement dans la Standard Edition, si on désire laisser ce soin à une personne qui parle la même langue et appartient au même milieu culturel que ceux de Freud, c'est maintenant qu'il faut le décider. C'est pourquoi j'ai enfin surmonté les réticences qui étaient les miennes depuis si longtemps.

Je suis loin d'avoir abouti, faute de temps, à une discussion d'ensemble des traductions défectueuses. De toute façon, ce travail dépassait de loin mes possibilités. Il n'a pas été non plus facile de décider sur quels points je porterais mon attention. Tant d'idées qui ont été soutenues sur l'homme qu'était Freud, sur sa vie et sur les différents aspects de sa pensée découlent d'impressions fausses ! Elles résultent d'une présentation défectueuse de sa pensée dans la traduction. Même de simples remarques qu'il a faites à son propre sujet se trouvent avoir été déformées.

Dans un bref mémoire, que Freud a écrit à l'âge de quatre-vingts ans, il relate une expérience vieille de trente ans, qui eut lieu au cours d'un voyage à Athènes, alors qu'il était sur l'Acropole. (*Un trouble de mémoire sur l'Acropole*). Ce texte en dit long sur Freud : sur ses sentiments pendant les années scolaires, sur sa relation avec son père, sur son cadre de vie et son milieu. Dans la dernière phrase, Freud dit que, après avoir réussi à analyser le sens profond de son expérience sur l'Acropole, il était souvent visité par ce souvenir, ce qui n'était pas surprenant. Puisque maintenant il était vieux, il avait bien besoin de patience (référence évidente à la maladie qui l'emporta), et il n'était plus capable de voyager. Les mots exacts de Freud sont les suivants : *Und jetzt werden Sie sich nicht mehr verwundern, dass mich die Erinnerung an das Erlebnis auf der Akropolis so oft heimsucht...* Le mot qu'il emploie ici pour parler de la réapparition fréquente de ce souvenir, *heimsuchen* (« visiter »), est chargé d'une signification particulière, parce que dans la Vienne catholique, la *Maria Heimsuchung* était (et est encore) une fête religieuse importante, au cours de laquelle on célèbre la visite de la Vierge Marie à Elisabeth. De nombreuses peintures et sculptures ont représenté cet événement, et Freud avait approché nombre d'entre elles au cours des voyages qu'il ne pouvait plus entreprendre désormais. Et, tout comme l'événement appris par Marie, lors de sa visite, eut pour elle une profonde importance, de même le souvenir de Freud lui révéla, aussitôt qu'il parvint à le déchiffrer, des événements d'une importance personnelle capitale pour lui... Voilà qui est bien suggéré par le choix du mot *heimsucht*.

Au début de l'essai, lorsque Freud indique que ce

souvenir s'impose fréquemment, et mentionne qu'initialement il ne comprend pas pourquoi il utilise l'expression *tauchte immer wieder auf. Auftauchen* veut dire, littéralement, « faire surface » (« sortir d'une eau profonde »), mais le mot s'emploie, dans un sens plus général, pour parler de quelque chose qui apparaît soudain, ou de façon abrupte. Le fait que, dans cet essai, Freud emploie deux termes complètement différents pour nommer un phénomène unique montre sa maîtrise de la langue. Avant d'analyser le retour périodique de ce souvenir, il en parle à l'aide d'un mot qui indique son irruption soudaine, depuis des profondeurs inconnues, et qui suggère son émergence de l'inconscient. Après l'avoir analysé, une fois que le lecteur mesure toute la profondeur du souvenir, Freud utilise un mot qui évoque un événement révélateur, celui de la Visitation.

Dans la Standard Edition, on a traduit ainsi la dernière phrase de cet essai : « *And now you will no longer wonder that the recollection of this incident on the Acropolis should have troubled me so often...* » (« Et maintenant vous ne vous étonnerez plus que le souvenir de cet incident sur l'Acropole m'ait troublé si longtemps... ») Cette mauvaise traduction a donné matière à des spéculations compliquées sur l'attitude de Freud face aux événements de la vie. A la base se trouvait sa déclaration supposée que ce souvenir le « troublait » souvent. Mais il n'avait rien dit de tel, puisqu'il avait seulement remarqué qu'il le visitait souvent. L'emploi de ce mot, associé depuis longtemps à un contexte religieux, suggère un sens beaucoup plus profond.

Ce n'est là qu'un exemple relativement mineur de la façon dont une traduction défectueuse peut conduire, et a conduit, à de fausses conclusions au sujet de Freud. J'en parle afin de montrer pourquoi j'aurais été tenté de discuter ici toutes les traductions inadéquates qui ont été causes d'une série de malentendus sur Freud et la psychanalyse. Mais, comme je l'ai dit plus haut, une étude exhaustive serait une besogne d'une telle ampleur que je n'ai pas osé essayer. J'ai décidé plutôt de me concentrer sur deux tâches plus limitées : corriger les erreurs de traduction de certains concepts psychanalytiques qui sont parmi les plus importants, et montrer l'être profondément humain qu'était Freud, humaniste dans le meilleur sens du terme. Avant tout, il allait vers ce qui, dans l'homme, est le plus secret. A cette fin, il se servait fréquemment d'une métaphore — l'âme de l'homme — où le mot âme véhicule un pouvoir intense d'émotion. Le plus grave défaut de la plupart des versions anglaises de ses œuvres, c'est de n'y faire aucune allusion.

J'ai discuté durant de nombreuses années du problème des traductions anglaises de Freud, avec des étudiants et des amis, et j'ai recueilli tant de suggestions utiles qu'il serait impossible de les mentionner toutes ici. Mais je désire, au moins, manifester ma gratitude pour l'aide que m'ont apportée le Dr Paul Kramer, le Dr Richard Sterba, Trude Weisskopf et le Dr Henry von Witzleben.

Comme si souvent dans le passé, toute ma reconnaissance va vers Joyce Jack pour la sensibilité et le soin qu'elle a apportés à l'édition du manuscrit original de ce livre. Robert Gottlieb a été assez aimable pour lui donner sa forme définitive, et je lui en sais gré. Enfin, je n'aurai garde d'oublier Theron Raines, que je désire remercier de ses suggestions précieuses et plus encore de ses encouragements sans lesquels le livre n'aurait peut-être jamais été achevé.

La plupart des passages de Freud qui sont cités ici sont tirés de la Standard Edition. Lorsqu'il n'est pas fait mention du nom du traducteur, il s'agit de moi-même.

B.B.

I

Enfant né dans une famille juive assimilée de Vienne, de classe moyenne, j'ai été élevé et j'ai reçu une éducation dans un environnement à bien des égards identique à celui de Freud. La culture que l'on m'a transmise chez moi, puis à l'école secondaire et enfin, à l'université de Vienne avait très peu changé depuis l'époque où Freud était étudiant, cinquante ans auparavant. Aussi est-il naturel que, dès que j'ai commencé à penser par moi-même, j'aie lu Freud. Après avoir étudié ses premières œuvres, j'ai lu avec passion les plus récentes, à mesure de leur parution, de *Au-delà du principe de plaisir* (1920) et *Le Moi et le Ça* (1923) à tous les derniers essais, dans lesquels ses idées atteignirent leur plein développement. Ma compréhension des écrits de Freud fut considérablement facilitée du fait que j'ai pu ainsi suivre ses idées au fur et à mesure qu'il complétait l'édifice de la psychanalyse, commencé peu d'années avant ma naissance. Tout cela m'était facilité aussi du fait que j'étais en analyse moi-même, et que j'étudiais la psychanalyse dans un climat culturel unique, celui de Vienne, dans lequel Freud travaillait et pensait. Lorsque, dans ma maturité, j'ai été assez heureux pour pouvoir commencer une vie nouvelle aux Etats-Unis, et que je me suis mis à lire et à discuter des textes psychanalytiques écrits en anglais, j'ai découvert que mes impressions de lecture de Freud en anglais étaient toutes différentes de celles que je ressentais lorsque je le lisais en allemand. Il me devint évident que l'humanisme essentiel qui imprégnait les textes originaux se trouvait déformé dans la version anglaise des écrits de Freud.

Dans *La Science des rêves* (1900), qui nous ouvrait à la compréhension non seulement du sens des rêves, mais aussi de la nature et de la puissance de l'inconscient, Freud nous parlait de sa lutte ardente pour acquérir une connaissance de lui-même toujours plus grande. Dans d'autres livres, il nous disait pourquoi il lui paraissait nécessaire que nous fassions tous de même. En un sens, tous ses écrits sont pour nous, ses lecteurs, autant d'incitations faites avec douceur et persuasion, et dans un style souvent brillant, à effectuer pour notre bénéfice un voyage spirituel semblable au sien, à la découverte de nous-mêmes. Freud nous a montré comment l'âme pouvait devenir consciente d'elle-même. Faire connaissance avec les couches les plus profondes de l'âme (explorer l'enfer personnel, quel qu'il soit, qui nous fait souffrir) n'est pas une entreprise facile. Les découvertes de Freud et, plus encore, la façon dont il nous les expose nous donnent l'assurance que ce voyage à la découverte de nous-mêmes, avec ses exigences et les dangers qu'il comporte, nous permettra d'atteindre un plus haut degré d'humanité, et de ne plus être l'esclave, sans le savoir, des forces obscures qui résident en nous. L'exploration de l'origine de ces forces nous fait saisir leur puissance. Nous sommes alors mieux armés pour lutter contre elles, plus à même de comprendre notre semblable et de lui témoigner une compassion véritable. Dans son travail comme dans ses écrits, Freud a souvent parlé de l'âme, de sa nature et de sa structure, de son développement, de ses attributs, de la façon dont elle se révèle dans tous nos actes et tous nos rêves. Malheureusement, ceux qui lisent Freud en anglais ne pourraient jamais le deviner. Bien qu'elles soient nombreuses, on a supprimé dans les traductions presque toutes les références à l'âme et aux questions qui s'y rapportent. Et, comme de nombreux et importants concepts psychanalytiques ont été mal traduits, tous ces faits se combinent pour que les appels directs de Freud à notre humanité se transforment, pour le lecteur anglais, en exposés abstraits, dépersonnalisés, théoriques à l'extrême, érudits, mécanisés, bref « scientifiques », à propos du fonctionnement étrange et complexe de notre esprit. Au lieu que nous soit insufflé le sens intime de ce qui vit en chacun de nous de plus humain, les traductions trompent le lecteur : elles essaient de susciter chez lui une attitude « scientifique » face à l'homme et ses agissements, une compréhension « scientifique » de l'inconscient et de ses effets sur le comportement.

Je me rendis compte de tout cela dans les années 1940, lorsque je devins directeur de l'Ecole orthogénique pour enfants handicapés, à l'université de Chicago. Le personnel d'encadrement avec lequel je travaillais avait bien lu Freud. Chacun était convaincu d'avoir assimilé ses idées et essayait de mettre en pratique dans son travail avec les enfants ce qu'il pensait avoir compris. Mais cette compréhension théorique, étendue, des processus inconscients acquise en étudiant Freud restait exactement cela même : théorique. Elle était de peu d'utilité pour aider des enfants affligés de troubles sévères, qui relevaient de la psychiatrie. Même, souvent, elle constituait un obstacle car, issue du raisonnement, elle demeurait coupée de toute émotion.

On aurait eu bien davantage besoin de se sentir proches dans cette émotion, précisément, dans cette sympathie immédiate qui comprend tous les aspects de l'âme de l'enfant, ses souffrances et leurs causes. Il aurait fallu que notre inconscient, spontanément, sympathise avec l'inconscient d'autrui, et de cela Freud nous parle, sur un mode parfois explicite, mais le plus souvent implicitement. Il aurait fallu une réponse sensible de notre âme à celle de l'autre. En lisant Freud dans la traduction, le personnel d'encadrement n'avait pas pu y saisir une telle exigence. On ne peut attendre de quelqu'un qu'il acquière une compréhension de l'âme si l'âme n'est jamais mentionnée. Le plus grave défaut des traductions, c'est que, par leur recours à l'abstraction, elles tiennent le lecteur à l'écart de ce que Freud, en lui parlant de la vie intérieure de tout homme, lui enseigne de la sienne propre. Dans la traduction anglaise, la psychanalyse devient quelque chose qui se réfère, s'applique aux autres. C'est un systèmc d'interprétation qui fait appel à l'intellect. C'est pourquoi les étudiants en psychanalyse ne se sentent pas portés à l'accepter personnellement. Rien ne les incite à accéder à leur propre inconscient, cette partie secrète d'eux-mêmes, la plus humaine, mais qui néanmoins ne peut plus être accueillie par eux.

Pendant près de quarante ans, j'ai donné des cours de psychanalyse à des étudiants diplômés américains et à des internes en psychiatrie. A plusieurs reprises, j'ai été amené à constater à quel point les traductions anglaises entravent sérieusement les efforts des étudiants pour acquérir une véritable intelligence de Freud et de la psychanalyse. Bien que la plupart des brillants étudiants que j'ai eu le plaisir d'enseigner, et qui se consacraient à la psychanalyse, aient été avides d'apprendre de quoi il s'agissait, ils en étaient largement incapables. Presque invariablement, j'ai constaté que les concepts psychanalytiques étaient devenus pour ces étudiants une façon seulement de considérer les autres, à distance respectueuse, sans que rien puisse les atteindre. Ils observaient autrui, avec les verres de l'abstraction, essayaient de le comprendre à l'aide de concepts intellectuels, et ne tournaient jamais leur regard vers l'intérieur d'eux-mêmes, vers leur âme ou leur propre inconscient. Cela se vérifiait même chez les étudiants qui étaient eux-mêmes en analyse, il n'y avait pas de différence sensible. La psychanalyse avait aidé certains d'entre eux à trouver un peu de paix en eux-mêmes, à se mesurer à la vie ; elle en avait aidé d'autres à se libérer de symptômes névrotiques gênants, mais une fausse conception de la psychanalyse subsistait. La psychanalyse, telle que ces étudiants la percevaient, était un système purement intellectuel — un jeu ingénieux et stimulant —, plutôt que le moyen d'acquérir des connaissances sur soi-même et son comportement — connaissances qui auraient risqué de les bouleverser profondément. C'était toujours l'inconscient de quelqu'un d'autre qu'ils analysaient, rarement le leur. Ils ne réfléchissaient pas assez au fait que Freud, pour inventer la psychanalyse et comprendre le fonctionnement de l'inconscient, avait dû passer par l'analyse de *ses* rêves, comprendre la raison de *ses* lapsus, *ses* oublis ou *ses* autres erreurs.

La meilleure explication de l'incapacité de ces étudiants à saisir la pensée de Freud dans son essence, c'est ce souhait universellement rencontré de rester dans l'ignorance de son propre inconscient. Freud, qui comprenait très bien que cela se vérifierait chez ses lecteurs, essayait de leur parler aussi directement que possible. Lorsqu'il écrivait sur lui-même et sur ses patients, il le faisait de façon à amener le lecteur à reconnaître que c'est de nous tous qu'il parlait, du lecteur autant que de lui-même, de ses patients et de ceux des autres. Freud, dans le choix de ses mots, et par le biais de son style direct, sert bien son dessein de faire en sorte que le lecteur applique à lui-même ses connaissances psychanalytiques, parce que c'est à partir de son expérience intérieure qu'il peut vraiment comprendre entièrement ce dont parlent les textes de Freud.

Les erreurs de traduction sont particulièrement trompeuses lorsque les faits sont altérés par le temps qui nous sépare de l'époque où Freud formula ses idées. Dans une traduction, il faut exprimer les idées de Freud, non seulement dans une langue différente, mais dans un autre environnement culturel — alors même que les lecteurs, pour la plupart d'entre eux, n'ont qu'une connaissance superficielle de la littérature classique européenne. C'est ainsi que bien des allusions de Freud tombent dans l'oreille de sourds. Beaucoup d'expressions qu'il a utilisées sont réduites à de simples termes techniques. La multiplicité des connotations qui s'attachaient à certains mots clés n'est pas conservée, même si Freud les avait choisis parce qu'ils véhiculaient un sens profond et qu'ils étaient comme vibrants de résonances particulières et d'humanisme.

II

La langue est de toute première importance dans l'œuvre de Freud, c'est l'instrument suprême de son art. Il utilisait la langue allemande non seulement en maître, mais souvent en poète. Il s'exprimait toujours avec une éloquence vraie. Cela est connu et reconnu très largement des familiers de l'écriture allemande. On a fréquemment remarqué que les histoires de cas, chez Freud, se lisent aussi bien que les meilleurs romans écrits de son temps. De nombreux écrivains allemands saluent en Freud un styliste remarquable. Thomas Mann, faisant allusion à l'un des livres de Freud, écrivait que « dans sa structure et sa forme, il se compare aux écrits des grands essayistes allemands, et se range parmi les chefs-d'œuvre ». Hermann Hesse faisait l'éloge de l'œuvre de Freud, qui « emporte la conviction par ses très grandes qualités, à la fois humaines et littéraires », et il ajoutait que sa langue, bien qu'elle soit

« tout à fait celle d'un intellectuel, est admirablement concise et exacte dans ses descriptions ». Albert Einstein disait qu'il admirait Freud en particulier pour son œuvre d'écrivain, et qu'il ne connaissait pas d'auteur contemporain qui pût présenter son sujet avec une telle maîtrise de la langue allemande [1]. En fait Freud, dans son style, prenait modèle sur les classiques allemands, et, plus que tout autre, sur Goethe, qu'il avait lu attentivement comme étudiant, et qui l'influença profondément. (Incidemment, ce fut Goethe qui introduisit le terme « sublimer » — *Sublimieren* — dans la langue allemande, en parlant des sentiments humains que nous devons cultiver et exalter.) Freud était très soucieux de trouver le *mot juste.* C'est pourquoi les traducteurs qui changent maladroitement des mots ou qui utilisent des expression impropres font d'autant plus violence à ses idées. A défaut du mot juste ou de la tournure de phrase appropriée, la pensée de Freud, non seulement se vulgarise ou se simplifie à l'excès, mais se trouve sérieusement déformée. Une négligence de traduction peut priver un mot de la tonalité qui aidait le lecteur à suivre par allusion la pensée de l'auteur et à réagir sur le plan affectif autant qu'intellectuel, conscient autant qu'inconscient. Seule une compréhension simultanée à ces deux niveaux permet d'en saisir le sens complet, dans

1. Ces expressions, parmi bien d'autres, d'admiration pour la maîtrise littéraire de Freud se trouvent dans l'analyse par Walter Schönau du style de Freud, *Sigmund Freud Prosa*, Germanistiche Abhandlungen 25, Metzlerishe Verlagsbuchhandlung, Stuttgart, 1968.

toute sa richesse et sa subtilité. Il y a là un fait crucial pour comprendre la psychanalyse.

Autant que possible, Freud a essayé de transmettre ses idées nouvelles dans les termes les plus ordinaires, avec les mots qu'utilisent les lecteurs depuis leur enfance ; son grand mérite, comme styliste, a été d'imprégner ces mots de nuances, de sens et de perceptions internes qui ne faisaient pas partie de leur acception de tous les jours. Lorsqu'il ne pouvait pas communiquer, comme il le souhaitait, en utilisant des termes familiers prêts à servir, il créait des mots nouveaux à partir des plus ordinaires, quelquefois en combinant deux mots, ce qui est pratique courante en allemand. Ce n'est que si les mots ordinaires, même investis de sens nouveaux, combinés ou juxtaposés entre eux, lui semblaient impropres à véhiculer sa pensée qu'il avait recours à l'usage du grec ou du latin, par exemple à des expressions comme le « complexe d'Œdipe », dérivées de mythes classiques. Et même alors, il choisissait des mots qu'il pensait familiers à ses lecteurs, dont les valeurs étaient importantes pour transmettre le sens profond en même temps que le sens apparent. Il supposait que ses lecteurs seraient des gens cultivés, qui auraient comme lui-même suivi leurs études classiques. (Du temps de Freud, le grec et le latin étaient des matières obligatoires pour les élèves des *Gymnasium*, qui correspondent à nos écoles secondaires.)

III

Parmi les mots grecs dont Freud s'est servi de façon significative, on trouve « Eros » et « érotique ». De ces termes dérive le concept important de zone érogène, que Freud a créé pour distinguer des surfaces du corps particulièrement sensibles à la stimulation érotique, telles que les zones orale, anale et génitale. Le concept apparut d'abord dans *Trois Essais sur la théorie de la sexualité* (1905). Dans une préface à la quatrième édition, écrite en 1920, Freud a souligné la façon dont « le concept élargi de sexualité, dans la psychanalyse, coïncide avec l'Eros du divin Platon ». Pour des lecteurs qui, à l'égal de Freud, vivaient dans la tradition classique, des mots tels que « Eros » et « érotique » rappelaient le charme et l'artifice du dieu Eros et, ce qui est plus important peut-être, sa dévotion profonde, éternelle pour Psyché (l'âme), son épouse bien-aimée. Aux familiers de ce mythe, il est impossible d'évoquer

Eros sans que surgisse en même temps le souvenir de Psyché, et la façon dont on l'avait dupée : on lui avait fait croire qu'Eros était un être repoussant, ce qui eut des conséquences tragiques. Considérer Eros, ou tout ce qui s'y rapporte, comme grossièrement sexuel ou monstrueux est une erreur qui, suivant le mythe, peut conduire à une catastrophe. (Il serait également erroné de confondre Eros et Cupidon : Cupidon est un petit garçon irresponsable et méchant ; Eros est pleinement adulte, au comble de la beauté, de la jeunesse et de la force de l'âge viril.) Pour que l'amour sexuel devienne une expérience érotique véritable, il doit être empreint de beauté, symbolisée par Eros. Il doit exprimer aussi les désirs ardents de l'âme, que symbolise Psyché. Ce sont là des références que Freud avait à l'esprit quand il employait des mots tels que « Eros » et « érotique ». Si l'on ne rapporte plus ces mots à leur origine classique, non seulement ils perdent beaucoup du sens que Freud voulait les voir évoquer, mais ils peuvent même prendre une acception opposée à celle qui était souhaitée.

C'est vrai du mot « psychanalyse » lui-même, que Freud a forgé. Ceux qui emploient ce terme désormais familier sentent en général vaguement qu'il résulte de la combinaison de deux mots d'origine grecque. Mais bien peu prennent conscience du vif contraste qui existe entre les deux phénomènes auxquels chaque mot renvoie. « Psyché », c'est l'âme, donc un terme riche d'émotion, foisonnant de significations, qui contient tout ce qui est humain, mais étranger au domaine scientifique. « L'analyse », au contraire, implique la décomposition d'un ensemble en ses parties, en vue d'un examen scientifique. Les lecteurs anglais de Freud sont une fois de plus trompés car dans leur langue l'accent tonique de « psychanalyse » est sur « analyse », insistant ainsi sur la partie du mot à connotation scientifique. Le mot allemand *Psychoanalyse*, en revanche, accentue la première syllabe, c'est-à-dire « psyché », l'âme. En forgeant le terme « psychanalyse » pour décrire son travail, Freud souhaitait mettre en évidence le fait qu'en isolant pour les examiner les aspects négligés et cachés de notre âme, nous pouvons nous les rendre plus familiers et comprendre leur rôle dans notre vie. C'est cet accent mis par Freud sur l'âme qui rend possible que son analyse diffère de celle des autres. Ce que nous pensons et ressentons au sujet de l'âme humaine, de l'âme qui nous appartient, est de première importance dans la perspective de Freud. Malheureusement, quand nous employons aujourd'hui « psyché » dans le mot composé « psychanalyse », ou bien dans d'autres mots tels que « psychologie », nos réactions et nos sentiments ne sont plus ceux que Freud voulait faire naître en nous. Ses contemporains ne vivaient pas les choses ainsi, à Vienne : eux ne perdaient jamais de vue le sens réel du mot « psyché », quelle que soit la combinaison dans laquelle on le faisait entrer.

Freud, peut-être, a été tout particulièrement attiré par l'histoire de Psyché dans la mesure où celle-ci, avant d'atteindre son apothéose, a dû descendre aux

Enfers pour rechercher un objet caché. Freud, de la même manière, a dû oser pénétrer dans un monde souterrain, qui dans son cas est celui de l'âme, pour en rapporter la lumière. Faisant allusion à l'histoire d'Amour (Eros) et Psyché dans *Le Thème des trois cassettes* (1913), il analyse dans cet essai les raisons qui expliquent le retour fréquent d'un choix fatal entre trois objets. Il faut choisir entre trois cassettes dans *Le Marchand de Venise*, trois filles dans *Le Roi Lear*, trois déesses dans le jugement de Pâris et trois sœurs parmi lesquelles Psyché était la plus belle. Freud a essayé de montrer que, derrière ce motif, se cachent deux termes essentiels : d'une part le désir de croire qu'on a un choix là où il n'y en a aucun, d'autre part l'expression symbolique des trois rôles décisifs que la femme joue dans la vie de l'homme, celui de la mère, celui de la bien-aimée et, finalement, celui de la mère symbolique (la Terre-Mère) vers laquelle l'homme retourne à sa mort. L'histoire d'Amour et Psyché décrit l'attachement profond d'une mère pour son fils — Freud considérait cette relation comme la moins ambivalente dans la vie de l'homme. Elle dépeint aussi la jalousie extrême qu'une mère ressent pour la fille qu'aime son fils. Comme le raconte Apuleius, la beauté de Psyché était si grande qu'elle était plus vénérée que Vénus elle-même, et Vénus en était offensée : « Les lèvres entrouvertes, Vénus embrassait son fils longuement et avec ferveur » pour le persuader de faire périr Psyché. Mais, en dépit des efforts de sa mère pour le séduire et lui faire exécuter ses désirs, Amour tombe profondément amoureux de Psyché. La jalousie de Vénus croît d'autant plus, et elle cherche à exterminer Psyché en exigeant d'elle des travaux qu'elle souhaite mortels. Il s'agit notamment de rapporter des Enfers une cassette pleine « d'une beauté de la valeur d'un jour ». Dans le même temps, elle enferme Amour, pour le garder en lieu sûr. Plongé dans le désespoir, Amour cherche de l'aide auprès de son père, Jupiter. Celui-ci, se souvenant de ses propres expériences amoureuses, accepte enfin que son fils prenne pour épouse Psyché.

A certains égards, l'histoire d'Amour et Psyché est la contrepartie de celle d'Œdipe, mais il y a des différences importantes. La légende d'Œdipe parle de la peur d'un père que son fils ne prenne sa place. Pour l'éviter, le père essaie de supprimer le fils. L'histoire de Psyché parle d'une mère qui craint qu'une jeune fille ne la remplace dans l'affection des humains et de son fils, et qui essaie, en conséquence, de la supprimer. Mais, tandis que l'histoire d'Œdipe se termine en tragédie, l'histoire d'Amour et Psyché finit de manière heureuse. Ce fait est significatif. L'amour d'une mère pour son fils et sa fureur jalouse devant celle qu'il lui préfère peuvent être reconnus ouvertement. Que la jeune fille surpasse la femme mûre en beauté, qu'un fils se détourne de sa mère pour prendre dans ses bras la femme qu'il vient d'épouser, qu'une jeune mariée ait à souffrir de la jalousie de la mère de son amant, tout cela, bien que source de vives tensions, s'accorde avec la tradition de nos émotions humaines, et résulte du conflit naturel des générations. C'est pourquoi, finalement, Jupiter et Vénus acceptent la situation. Amour et Psyché célèbrent leurs noces en présence de tous les dieux, Psyché est rendue immortelle, et Vénus fait la paix avec elle. Mais Œdipe, en tuant son père et en épousant sa mère, met en acte, dans la réalité, un fantasme d'enfance coutumier, et qui se doit de demeurer tel. En agissant comme il le fait, Œdipe s'oppose à la nature, qui exige qu'un fils épouse quelqu'un de sa génération, non sa mère, et aussi qu'il fasse la paix avec son père. C'est pourquoi son histoire s'achève en tragédie, qui frappe tous les personnages qui ont été impliqués dans l'action.

Freud a-t-il été impressionné par les similitudes et les différences entre ces deux mythes anciens ? Nous l'ignorons, mais ce que nous savons, c'est à quel point il fut passionné par la mythologie grecque : il l'étudiait assidûment et collectionnait des statues grecques, romaines et égyptiennes. Il savait que dans les descriptions Psyché apparaît belle et jeune, parée d'ailes d'oiseau ou de papillon. Oiseaux et papillons sont des symboles de l'âme dans de nombreuses civilisations. Ils servent à souligner sa nature transcendantale. Le mot « Psyché » est tout imprégné de ce symbolisme qui renvoie à la notion de beauté, de fragilité, d'absence de matérialité — que nous associons à l'âme. Nous sommes conviés à approcher Psyché avec attention, égards et respect. Toute autre approche lui ferait violence, ou même la détruirait. Attention, égards, respect caractérisent aussi l'attitude requise par la psychanalyse.

IV

C'est une bataille perpétuelle que Freud a livrée pour nous aider à comprendre qui nous sommes, et pour éviter que, toute la vie, nous soyons la proie de forces inconnues qui puissent faire, à la fois, notre malheur et celui d'autrui.

En examinant le contenu de l'inconscient, il a remis en question certaines de nos croyances les plus profondément ancrées : par exemple, la bonté inhérente de l'homme et sa perfectibilité indéfinie. Freud nous a fait prendre conscience de l'ambivalence, du narcissisme qui, enraciné en chacun de nous, s'origine dans l'égocentrisme de la petite enfance. Il a mis également l'accent sur sa nature destructrice. Dans sa vie comme dans son œuvre, Freud a voulu en toute vérité tenir compte de l'exhortation inscrite à Delphes, au fronton du temple d'Apollon : « Connais-toi toi-même. » Il a voulu nous aider à suivre le même exemple. Mais se connaître soi-même en profondeur peut conduire à un bouleversement. L'obligation de se transformer, qui résulte de ce projet, est une tâche ardue et douloureuse. Parmi les idées fausses qui circulent à propos de Freud et de la psychanalyse, beaucoup s'expliquent par la peur qu'inspire la connaissance de soi. Elles s'appuient sur un certain confort qu'encouragent les traductions : on y parle en effet un langage qui refuse toute émotion, et selon lequel la psychanalyse est une méthode pour analyser certains aspects bien sélectionnés du comportement d'autrui. L'éclairage freudien nous menace dans notre image narcissique. Quelle ironie : l'œuvre de celui qui s'est battu si ardemment pour la connaissance de soi a rendu possible tant d'idées fausses exploitées à des fins défensives !

En mettant l'accent sur une partie seulement des idées de Freud qui traitent du rôle des pulsions sexuelles dans la formation du caractère, trahissant sa conviction tragique qu'il y a dans l'âme un lieu obscur d'où les désirs de destruction surgissent, en transformant cette croyance en une théorie commode qui attribue la raison de nos difficultés à des défauts de société, de nombreux adeptes de Freud ont dénaturé la psychanalyse : ils ont fait de ce qui était une vision pénétrante de la condition humaine une approche qui n'est plus qu'un point de vue superficiel. Freud était convaincu que la création d'une société civilisée, bien qu'elle conduise à des erreurs, était encore ce que l'homme avait accompli de plus noble. Ce n'est qu'en faussant de bout en bout les idées de Freud, dans *Totem et Tabou* (1912-1913) et *Malaise dans la civilisation* (1930), que l'on peut parvenir à construire cette hypothèse confortable selon laquelle la psychanalyse, au lieu de nous confronter à nos abîmes intérieurs, au lieu de nous imposer la tâche incroyablement difficile de dompter et de dominer le chaos qui les habite, pourrait nous rendre la vie facile, plaisante même : sous prétexte de « nous exprimer », de satisfaire nos désirs sexuels sans aucune contrainte, sans risque, sans en payer le prix. Dans cet effort que Freud déploie pour mettre à jour notre inconscient, tout tend à nous faire acquérir un contrôle de la raison. Il s'agit bien que, chaque fois que nous sommes entraînés dans une mauvaise direction, nous puissions soit retarder soit neutraliser nos pulsions. Mieux encore, les pouvoirs de l'inconscient pourront être canalisés par la sublimation, en vue d'objectifs plus hauts et plus nobles.

Les difficultés que Freud a éprouvées au cours de son auto-analyse, comme celles de ses patients pour rassembler leurs souvenirs refoulés, lui montrèrent qu'à l'évidence il n'est jamais facile de découvrir son inconscient. De ses premières expériences il avait retenu qu'il était absolument nécessaire de contrôler avec prudence les manifestations de transfert positif du patient à l'analyste, ainsi que les propres sentiments de l'analyste, afin d'éviter certaines conséquences indésirables. Il en conclut que, si l'on veut que le travail psychanalytique s'effectue sans risque, cela exige de prendre des précautions particulières.

Pour que le patient puisse ouvrir en toute sécurité le chaudron de l'inconscient, donner libre cours à ses émotions et défaire les nœuds qui assuraient un refoulement bien utile pour s'acquitter des tâches de la vie en société, il fallait que le processus soit limité à des périodes relativement courtes et bien circonscrites. Alors seulement on pourrait s'aventurer à lâcher la bride aux pensées et aux sentiments qu'on a l'habitude de tenir en laisse, dans son propre intérêt comme dans celui d'autrui ; alors seulement on pourrait jeter un regard véritable sur ce qui se passe dans l'inconscient. Le cours de la vie normale, en dehors du cabinet de l'analyste, ne s'en trouverait pas altéré, ni les relations entretenues avec l'entourage.

On a fait fi bien souvent de cette approche prudente de Freud, et on est allé, dans la croyance populaire, jusqu'à supposer que la psychanalyse, qui s'exerce en parole, en privé, et pour un laps de temps strictement limité, se fait l'avocat d'un même laisser-aller sans contrainte, en tout temps et en toute occasion, insouciante des ravages qu'une telle conduite entraînerait dans la vie du patient et dans celle des autres. Parce que la psychanalyse a révélé qu'un trop fort refoulement peut être paralysant, on estime qu'elle prône une absence totale de répression. Parce que la psychanalyse exige que « tout doit sortir » — mais seulement dans le temps d'une séance quotidienne de cinquante minutes environ, et sous la direction d'un thérapeute digne de confiance et formé spécialement pour qu'il veille à ce qu'on n'aille pas trop loin ni trop vite à la découverte de l'inconscient —, on en vient à croire que la psychanalyse se fait aussi l'avocat d'un « laisser tout déborder » toujours et partout ! Le « Connais-toi toi-même » s'est transformé en un « Fais tout ce qui te plaît ».

Freud a souligné, à maintes reprises, que les ennemis — les détracteurs — de la psychanalyse ne faisaient courir aucun danger à son développement. Il se souciait davantage des amis naïfs de sa science nouvelle et de ceux qui allaient l'utiliser pour justifier tout ce que leurs désirs égoïstes leur faisaient faire et infliger aux autres. Il craignait que la psychanalyse ne fût détruite si elle se répandait largement sans être comprise. Après avoir rendu visite aux Etats-Unis, où en 1909 il reçut pour son œuvre son premier et unique titre universitaire à l'université de Clark, Freud prédit que la psychanalyse subirait vraisemblablement un tel destin en Amérique.

Il a écrit en 1930 :

> « J'entends souvent dire que la psychanalyse est très populaire aux Etats-Unis, et qu'elle ne s'y heurte pas à la même résistance obstinée qu'en Europe... Il me semble que la popularité du mot "psychanalyse" en Amérique ne s'accompagne ni d'une attitude amicale envers ce qu'elle est vraiment, ni d'un grand souci de la comprendre de façon approfondie. Le plus fréquemment, on constate que les médecins et les écrivains américains sont très peu familiers avec la psychanalyse,

au point qu'ils n'en connaissent que quelques mots et slogans, ce qui ne les empêche pas d'émettre des jugements définitifs [1]. »

Comme le père de la psychologie américaine, William James, Freud fondait tout son travail sur l'introspection — la sienne propre mais aussi celle de ses patients. L'introspection, voilà ce dont il s'agit dans la psychanalyse. Bien que l'on cite souvent Freud dans les textes d'introduction à la psychologie — plus souvent, en fait, que n'importe quel autre auteur [2] —, ses écrits n'ont qu'une influence superficielle sur le travail académique des psychologues qui les citent. En psychologie, la recherche et l'enseignement s'orientent dans les universités américaines vers l'étude du comportement, des facultés cognitives et de la physiologie, et se concentrent presque exclusivement sur ce que l'on peut mesurer ou observer du dehors. L'introspection n'y joue aucun rôle. La psychologie américaine est devenue tout entière analyse et néglige complètement la psyché, l'âme.

Dans le champ de la psychologie génétique, qui n'existerait qu'à peine sans Freud, la plupart du temps lorsqu'on fait référence à son œuvre, ses idées

1. Introduction pour un article dans *Medical Reviews of Review*, n° 36, 1930.

2. Dans un récent pointage, Freud arrivait en tête avec 318 citations. Puis venait Skinner avec 140 et Piaget avec 107. Voir N.S. Endler, J.P. Rushton & H.L. Roediger, *Productivity and Scholarly Impact (citations) of British, Canadian and U.S. Departments of Psychology, 1975.*

sont réfutées ou présentées de façon triviale. Le plus fameux pédiatre de son temps, le Dr Benjamin Spock, a appliqué de nombreuses idées de Freud dans son livre sur les enfants *Baby and Child Care*. Dans l'un des deux passages où il mentionne Freud, Spock écrit : « L'attachement initial intense [de l'enfant] à ses deux parents aura été dans le sens de leurs efforts constructifs, et sera progressivement dépassé. (Freud appelait ce dépassement la résolution du complexe d'Œdipe.) » C'est aussi simple que cela ! Les attachements servent des buts et sont dépassés, sans qu'il y ait conflit, ou qu'il en reste quelque chose. Le complexe d'Œdipe, semble penser Spock, disparaît automatiquement avec le passage du temps — alors même que Freud a montré comment nous sommes façonnés par le complexe d'Œdipe tout au long de la vie.

V

Freud a forgé le terme de « complexe d'Œdipe » pour décrire le fatras d'idées, d'émotions et de pulsions, dans une large mesure inconscientes, qui accompagnent les rapports qui se forment entre un enfant et ses parents. Il est impossible de comprendre pourquoi Freud a choisi en particulier cette expression — cette métaphore — si les détails importants de l'histoire d'Œdipe ne nous sont pas familiers. Malheureusement, la plupart des étudiants diplômés américains à qui j'ai voulu faire connaître la psychanalyse n'étaient que très peu familiarisés avec le mythe d'Œdipe ou la pièce de Sophocle, *Œdipus Rex*.

Au début de l'histoire d'Œdipe, on assiste à un traumatisme psychique et physique, d'une cruauté incroyable, qu'un enfant subit de la part de ceux qui devraient être les premiers à le protéger : ses propres parents, Laïos et Jocaste, roi et reine de Thèbes, ont été avertis par un oracle que le destin du jeune Œdipe, leur fils, le conduira à tuer son propre père : ils le font estropier (on lui enfonce un clou dans les pieds), puis renvoyer afin qu'on le fasse périr. Après avoir échappé à cette mort précoce, Œdipe est élevé par le roi et la reine de Corinthe, et il grandit avec la conviction qu'ils sont ses vrais parents. Lorsqu'un jour quelqu'un insinue le contraire, Œdipe est si affecté qu'il va consulter l'oracle de Delphes. Celui-ci déclare à Œdipe — exactement comme on l'avait dit à ses vrais parents — qu'il tuera son père et épousera sa mère.

Bouleversé par cette prophétie, Œdipe désire si fortement protéger ceux qu'il considère comme ses parents qu'il s'enfuit de Corinthe, déterminé à ne jamais y retourner. Il se met à errer à travers la Grèce lorsque, à une croisée de chemins, il rencontre un étranger, se querelle avec lui et le tue : c'est son père, Laïos. Par hasard, Œdipe arrive ensuite à Thèbes. C'est l'époque où cette ville est ravagée par le Sphinx, ou plutôt la Sphinge, qui, installée sur une falaise toute proche, propose une énigme à tous ceux qui tentent de la croiser et dévore quiconque ne sait pas donner la bonne réponse. Œdipe, qui n'a plus de foyer et qui se soucie peu de sa vie, accepte le défi de la Sphinge. Ayant réussi à résoudre l'énigme qu'elle lui pose, il obtient sa récompense : il est fait roi de Thèbes et épouse Jocaste. De nombreuses années plus tard, la peste s'abat sur la cité ; elle est la punition du meurtre invengé de Laïos. Œdipe se trouve forcé de rechercher le meurtrier, et, lorsque la vérité éclate, il se crève les yeux et Jocaste se suicide.

La signification du terme de « complexe d'Œdipe » est symbolique. Comme toutes les métaphores que Freud utilise dans ses écrits, ce terme tire avant tout sa force de son pouvoir de suggestion et de sa richesse référentielle. C'est une métaphore qui opère à de nombreux niveaux puisqu'elle fait allusion à d'autres métaphores, grâce aux références, évidentes ou cachées, au mythe et au drame. Freud l'a choisie pour illuminer et vivifier un concept qui se refuse à une expression concise. Si nous croyons, comme beaucoup de mes étudiants, que l'expression « complexe d'Œdipe » implique uniquement que les petits garçons souhaitent tuer l'homme qu'ils *savent* être leur père et épouser la femme qu'ils *savent* être leur mère, notre compréhension n'est alors fondée que sur un mythe extrêmement simplifié. Après tout, Œdipe ne savait pas ce qu'il faisait lorsqu'il a tué Laïos et épousé Jocaste, et son désir le plus cher était de faire en sorte qu'il ne puisse faire le moindre mal à ceux qu'il considérait comme ses parents. Ce terme devrait plutôt nous suggérer l'angoisse de l'enfant et sa culpabilité en face de ses désirs parricides et incestueux, et aussi des conséquences de leur réalisation.

La culpabilité d'Œdipe, sa découverte de la vérité constituent les ressorts centraux de la pièce de Sophocle, et ils se reflètent dans les traits principaux du complexe d'Œdipe. Freud a découvert ceci : lorsque nous sommes sortis de l'enfance, nous n'avons conscience ni de sentiments négatifs envers le parent du même sexe, ni d'émotions sexuelles inspirées, à un âge précoce, par chacun de nos deux parents. Nous en avons refoulé profondément beaucoup d'aspects. De plus, et bien que ces sentiments complexes et ambivalents pour nos parents nous soient inconnus à nous adultes, nous continuons dans notre inconscient à être motivés par eux, et à nous en sentir coupables. Ces désirs et ces sentiments de culpabilité refoulés peuvent avoir des conséquences dévastatrices. Finalement, c'est lorsque nous prenons conscience à la fois de cette hostilité envers le parent du même sexe et de l'ardeur de nos désirs sexuels pour le parent du sexe opposé que nous pouvons faire en sorte d'arrêter les conséquences terribles de ces sentiments.

En réfléchissant au complexe d'Œdipe, nous devons garder à l'esprit ce qu'à la fois le mythe et la tragédie de Sophocle nous disent : Œdipe a agi de la sorte parce que ses parents l'ont rejeté complètement comme enfant. Celui qui n'aurait pas été rejeté de telle façon n'agirait jamais comme Œdipe. Les idées de Freud au sujet du profond refoulement des désirs œdipiens, celles qui ont trait à la rigueur de la culpabilité qui en résulte — sentiments si importants pour le conflit qui donne forme à l'essentiel de notre personnalité — n'auraient plus de sens si notre père avait effectivement essayé de nous tuer lorsque nous étions enfant : pourquoi nous sentirions-nous coupables de souhaiter nous débarrasser d'un tel misérable ? Et nos souhaits d'amour exclusif, infini et réciproque pour notre mère, et aussi bien la culpabilité liée à notre désir de la posséder perdent leur sens si notre mère s'est effectivement détournée de nous quand nous étions jeunes. C'est seulement notre amour pour nos parents et notre désir conscient de les protéger qui nous conduisent à refouler nos sentiments négatifs et sexuels envers eux. Ces sentiments cachés sont ce à quoi Freud fait allusion lorsqu'il parle de culpabilité œdipienne.

Œdipe, en fuyant Corinthe, ne fit pas attention à l'avertissement inscrit au temple : « Connais-toi toi-même ». L'inscription prévenait implicitement quiconque ne se connaissant pas soi-même qu'il se méprendrait sur les dires de l'oracle. Parce que Œdipe ne connaissait pas ses sentiments les plus intimes, il crut qu'il pouvait tuer le père qui l'avait bien élevé et épouser la mère qui l'aimait comme un fils. Œdipe mit en acte son aveuglement métaphorique — son aveuglement pour ce que l'oracle avait voulu dire, fondé sur son manque de connaissance de soi — en se privant lui-même de la vue. En agissant ainsi, il a pu être inspiré par l'exemple de Tirésias, le devin aveugle qui révèle à Œdipe la vérité sur le meurtre de Laïos. Nous rencontrons chez Tirésias l'idée que détourner sa vue du monde externe pour la diriger vers l'intérieur — vers la nature interne des choses — apporte la connaissance vraie et permet de comprendre ce qui est caché et a besoin d'être connu.

Le principe qui guide la psychanalyse est que la connaissance de soi implique aussi celle de son inconscient, et qu'un certain commerce avec lui évite que des pressions méconnues conduisent à agir au détriment des autres comme de soi-même. Gardant cela à l'esprit, on voit que la connaissance de soi exigée pour bien comprendre les paroles de l'oracle doit être étendue à cette part de nous-mêmes qui reste normalement inconsciente. Le concept freudien de complexe d'Œdipe contient donc l'avertissement implicite que nous devons être instruits de notre inconscient. Nous serons alors à même de le surveiller. Lorsque nous nous trouverons à la croisée des chemins, sans savoir de quel côté nous diriger et avec le sentiment qu'une figure paternelle nous empêche de passer, nous n'aurons pas à lutter contre elle dans un accès incontrôlé de colère et de frustration. Nous n'agirons pas, dans les moments de grande tension, poussés par l'inconscient, pour aboutir à nous détruire nous-mêmes, comme ce fut le cas pour Œdipe.

Un point important dans le mythe, et par suite dans le complexe d'Œdipe, c'est que tant que l'acte œdipien demeure inconnu, de même que les désirs, l'agression et l'angoisse qui l'ont précédé, ils continuent à exercer leurs pouvoirs destructeurs. C'est cela que symbolise la peste qui ravagea Thèbes. Lorsque Œdipe apprend la cause véritable de la peste, il se purifie et la peste disparaît. Ce point est crucial dans le mythe. Aussitôt que l'on prend connaissance de ce qui restait ignoré — aussitôt que la lumière est jetée sur le secret du meurtre du père et de l'inceste avec la mère, et que le héros se purifie —, les conséquences pernicieuses des actes œdipiens s'évanouissent. Le mythe nous avertit aussi que lorsqu'on refuse longtemps la révélation de ces secrets, les préjudices ultérieurs n'en sont que plus grands pour soi-même et pour les autres. L'interprétation psychanalytique du complexe d'Œdipe contient elle aussi cet avertissement implicite. Freud a découvert, au cours de son auto-analyse et de son travail avec ses patients, que lorsqu'on a le courage d'affronter ses propres désirs inconscients parricides et incestueux — ce qui revient à s'en purifier —, leurs conséquences néfastes perdent de leur intensité. Il a montré que prendre connaissance de nos sentiments inconscients — donc les faire passer de l'inconscient au conscient — constitue notre meilleure protection contre la catastrophe œdipienne.

Il est certes possible que le développement de la théorie du complexe d'Œdipe provienne dans le subconscient de Freud d'une familiarité avec le mythe d'Œdipe et la tragédie de Sophocle : l'un comme l'autre nous rendent attentifs aux conséquences destructrices de nos actions lorsque nous agissons sans savoir ce que nous faisons. Les découvertes de Freud nous permettent de comprendre aussi la signification plus profonde de l'histoire du Sphinx, qui tire probablement son origine des intuitions inconscientes des inventeurs du mythe. La légende d'Œdipe juxtapose les conséquences radicalement opposées de nos actions suivant que nous sommes mus par une pensée inconsciente (comme Œdipe lorsqu'il tua Laïos), ou que nous en sommes libérés (comme Œdipe dans sa rencontre avec le Sphinx). Le Sphinx n'étant pas une figure paternelle, il n'y avait pas d'ambivalence psychologique ou de difficulté, de sorte que dans son face à face avec lui, Œdipe était en pleine possession de sa raison. Il lui était donc facile de résoudre l'énigme du Sphinx. Freud a montré comment tout cela s'applique à chacun d'entre nous : lorsque nous sommes capables d'affronter des forces obscures, avec toute la puissance d'un esprit rationnel, débarrassé des pressions inconscientes, alors la rationalité emporte la victoire ; et lorsque c'est la rationalité qui domine nos actions, nous pouvons maîtriser les puissances destructrices et nous libérer de leurs capacités de nuire.

Le Sphinx, ou plutôt la Sphinge, qui posait des énigmes et dévorait ceux qui ne savaient pas les résoudre, était elle-même une énigme, puisqu'elle était en partie femme et en partie animal carnassier. Le haut de son corps était celui d'une femme, avec des seins proéminents ; le bas du corps, qui est la partie où se trouvent situés les organes sexuels, était celui d'un lion, avec de terribles griffes. C'est à la fois un symbole du bon (la mère nourricière) et du mauvais (la mère destructrice). Elle symbolise la peur de l'enfant que sa mère, parce qu'il souhaite la dévorer pour qu'elle soit toute à lui et ne puisse jamais l'abandonner (idée qui a son origine dans le fait que l'enfant tire sa nourriture de sa mère et essaie d'avaler une partie de son corps quand il s'allaite), ne lui rende la pareille en le dévorant.

Comme on nous dit que la Sphinge posait toutes

sortes d'énigmes, nous devons supposer que celle qu'elle posa à Œdipe avait été conçue spécialement à son intention. L'énigme était la suivante : « Le matin, cela marche à quatre pattes, à midi à deux et le soir à trois » et « c'est lorsqu'il a plus de pattes que sa vitesse et sa force sont au plus bas ». La bonne réponse, qu'Œdipe donna, était « l'homme » — car au matin de sa vie (la petite enfance) il rampe sur ses quatre membres, à midi (le printemps de la vie) il marche sur ses deux pieds et le soir (la vieillesse) il a besoin d'une « troisième patte », c'est-à-dire une canne ou un bâton et, naturellement, c'est dans le bas âge, lorsqu'il a « le plus de pattes », qu'il a aussi le moins de force et de vitesse dans ses mouvements. Mais, comme Thomas de Quincey l'a souligné, le sujet de l'énigme, et aussi sa solution, ce n'est pas seulement l'homme en général, mais Œdipe en particulier : personne n'est aussi faible à la naissance que le petit enfant abandonné, les pieds attachés ensemble, et nul n'a plus besoin d'aide dans la vieillesse qu'Œdipe au cours de ses années de cécité. Il est certain qu'Œdipe, étant donné les effets durables de son trauma précoce, a dû se sentir plus concerné par les problèmes posés par la marche que la plupart des gens, et a vraisemblablement plus réfléchi à ce que cela signifie aux différents âges ; comme enfant, rampant sur ses quatre membres, il a dû ressentir plus vivement qu'un enfant ordinaire son inaptitude à marcher sur deux pieds. Ce que l'histoire de la Sphinge semble mettre en relief, c'est que la réponse à l'énigme de la vie n'est pas seulement tout homme, mais chaque personne en particulier. Ainsi le mythe nous répète que nous devons nous connaître nous-même, afin de nous libérer de nos puissances destructrices.

Dans le système de Freud, le désir œdipien et l'angoisse de castration sont liés intimement : l'angoisse de la castration contribue à l'abandon des conflits œdipiens et permet au contrôle de l'esprit et à la moralité de se développer. Aujourd'hui, nous pensons que de tels développements contribuent beaucoup à l'amour de l'enfant pour ses parents. Shakespeare le reconnaissait lorsque dans le sonnet CLI il écrivait : « Cependant qui ne sait que la conscience est née de l'amour ? » Freud croyait que c'était la peur du père d'être remplacé, surpassé par son fils, qui expliquait la coutume de la circoncision — castration symbolique — dans les sociétés primitives. Depuis le temps où Freud a exprimé ces idées, des doutes se sont élevés sur ses vues relatives à la signification de la circoncision [1]. Mais il est certain qu'il a su reconnaître le rôle que les attitudes parentales jouent dans la formation et la résolution du complexe d'Œdipe. L'importance des attitudes parentales est clairement indiquée dans le mythe.

Si les parents d'Œdipe n'avaient pas cru dans la prédiction de l'oracle, ils n'auraient pas tenté de tuer leur fils. C'était un fait bien connu à l'époque que les dires de la pythie étaient ambigus et difficiles à

1. Voir, parmi d'autres ouvrages, mon propre livre *Symbolic Wounds* (« Blessures symboliques »).

interpréter correctement. Pour que Laïos et Jocaste acceptent cette prophétie sans la moindre critique, il faut qu'ils aient été persuadés que leur interprétation de l'oracle était correcte, de même qu'Œdipe fut convaincu que la sienne l'était aussi, et que l'oracle se référait à ses parents nourriciers. Ce qui a convaincu Œdipe, ce sont les sentiments œdipiens qu'il avait développés envers ceux qui l'avaient élevé depuis la tendre enfance ; ce qui persuada ses parents, c'étaient leurs sentiments envers leur enfant, sentiments qui font autant partie du complexe d'Œdipe que ceux de l'enfant.

L'interprétation que fit Laïos des dires de l'oracle lui semblait plausible parce qu'il craignait que son fils ne vînt à le remplacer : initialement, dans l'affection de sa femme et, plus tard, dans son rôle dans la société. Tandis que la première de ces craintes est souvent — bien que pas toujours — injustifiée, la seconde ne l'est pas, puisque à mesure que le temps passe normalement, le fils remplace le père dans la société lorsque ce dernier devient vieux et que lui-même atteint l'âge d'homme. Quant à Jocaste, elle a dû craindre d'aimer son fils plus, peut-être, qu'elle n'aimait son mari ; s'il n'en avait pas été ainsi, elle aurait essayé de persuader Laïos qu'il s'était trompé sur le sens de la prophétie, et que jamais aucun de leurs fils ne pourrait agir ainsi. Si elle n'avait eu de telles craintes, elle n'aurait jamais accepté d'envoyer Œdipe à la mort. Elle aurait bien plutôt fait tous ses efforts pour venir à son secours. C'est parce qu'elle n'agit pas ainsi — elle participe au contraire au complot pour tuer son fils — que, plus tard, Jocaste se suicide. Elle ne se tue pas parce qu'elle se sent coupable de l'inceste avec Œdipe, comme beaucoup de mes étudiants le croyaient. Tout cela est très clair dans Sophocle.

C'est ainsi que la légende d'Œdipe préfigure ce qui sera la découverte de la psychanalyse : les désirs et l'angoisse œdipiens de l'enfant ont pour contrepartie les sentiments que les parents lui portent. Ces sentiments sont faits d'attirance pour l'enfant du sexe opposé et d'ambivalence (ou même de ressentiment) envers l'enfant du même sexe qui pourrait prendre leur place. Si les parents se laissent dominer par ces sentiments, il peut en résulter une tragédie dont le mythe et la pièce de Sophocle nous révèlent la nature.

Il y a encore beaucoup à apprendre sur la vie de Freud, sur son œuvre et ses pensées puisque de nombreux documents, encore enfermés dans les archives de Freud de la bibliothèque du Congrès, ne seront pas accessibles avant l'an 2000. Je doute, cependant, que, alors même que ces archives seraient ouvertes, nous parvenions à une certitude sur les pensées conscientes et subconscientes de Freud pour l'élaboration du complexe d'Œdipe. Le concept fut trop difficile à développer, et cela prit trop de temps. Ce qui semble bien l'indiquer, c'est le fait que plus de dix années se sont écoulées entre la première mention par Freud de l'*Œdipe* de Sophocle, en rapport avec ce qu'il était en train de découvrir des sentiments inconscients des enfants envers leurs parents (c'était dans une lettre à son ami Wilhelm Fliess, écrite au temps de l'auto-analyse de Freud), et la référence effective au complexe d'Œdipe dans une publication.

Dès 1900, Freud a écrit sur les similitudes entre la psychanalyse et *Œdipus Rex* : « L'action de la pièce ne consiste en rien d'autre qu'une suite de révélations, retardées à dessein pour augmenter notre émotion, et au cours de laquelle nous apprenons petit à petit — comme dans le travail de la psychanalyse — qu'Œdipe lui-même est non seulement le meurtrier de Laïos, mais aussi le fils de l'homme qu'il a assassiné et de Jocaste. » En méditant sur l'*Œdipe* de Sophocle, comme le fit Freud, on s'aperçoit que la pièce tout entière tourne essentiellement autour de la lutte d'Œdipe pour atteindre la vérité cachée. C'est une bataille pour la connaissance dans laquelle Œdipe doit surmonter une résistance intérieure terrible, qui l'empêche de reconnaître la vérité à son propre sujet, car il a trop peur de ce qu'il pourrait découvrir. Si la tragédie nous est familière, et Freud espérait que c'était le cas pour ses lecteurs, nous ne manquons pas d'être impressionnés par le fait que Sophocle ne fait pas état des faits et gestes d'Œdipe ; il ne mentionne même que brièvement ses désirs, au détour d'une remarque de Jocaste : « Nul besoin de craindre l'hymen avec ta mère. Beaucoup d'hommes en ont rêvé. » D'une certaine façon, la pièce de Sophocle semble impliquer que [le désir de] se débarrasser du père et [le désir d'] épouser la mère font partie du destin, comme le dit le mythe, un point c'est tout. L'essence de notre humanité — et aussi de la pièce — n'est pas que nous soyons les victimes du destin, mais elle réside dans la lutte que nous engageons pour découvrir la vérité à propos de nous-mêmes. Jocaste, qui déclare ouvertement qu'elle ne désire pas découvrir la vérité, ne peut donc l'affronter quand elle se révèle, et elle périt. Œdipe qui, lui, fait face à la vérité, en dépit de dangers immenses pour lui-même dont il a à peine conscience, survit. La souffrance d'Œdipe est extrême, mais à Colone, non seulement il finit par trouver la paix, mais interpellé par le dieu il est métamorphosé. Ce qui importe à propos d'Œdipe, de la situation œdipienne et du complexe, ce n'est pas seulement notre destin tragique ni non plus les conflits profonds où nous jettent nos désirs infantiles, mais encore la nécessité de résoudre ces conflits dans un combat difficile, finalement à la découverte de nous-mêmes. C'est pourquoi, comme Freud n'a cessé de le répéter avec insistance, le complexe d'Œdipe se trouve au centre de la psychanalyse.

VI

On peut accepter l'idée du complexe d'Œdipe sans rien comprendre au mythe ni à la tragédie qui lui a donné son nom, mais c'est une façon d'admettre la psychanalyse sans essayer d'en saisir toute la profondeur. Freud avait prédit que les choses se passeraient ainsi aux Etats-Unis. Puisque les traducteurs prévoyaient un grand nombre de lecteurs en langue anglaise, et qu'en particulier les Américains connaissaient mal les détails de l'histoire d'Œdipe et des autres textes classiques dont parle Freud, il aurait été utile de chercher à expliquer le sens de toutes ces allusions littéraires. On peut soutenir que les traducteurs doivent s'occuper exclusivement de restituer ce que l'auteur a écrit, en serrant le texte aussi fidèlement que possible. Cependant, si l'on veut traiter avec exactitude un sujet comme la psychanalyse et une langue dont Freud connaissait toutes les nuances, on doit aussi être sensible au sens implicite, au-delà du texte écrit. La tâche du traducteur, en définitive, comporte l'obligation de transmettre des mots qui forment des phrases, mais plus encore tous les sens auxquels ces mots peuvent renvoyer. Aux efforts de l'auteur doivent correspondre ceux des traducteurs pour s'adresser au subconscient du lecteur et provoquer l'émotion autant que l'intérêt intellectuel. Bref, il leur faut aussi traduire les tentatives de l'auteur pour que surgissent les sens cachés.

Je ne mets pas en doute la volonté des traducteurs anglais de présenter les écrits de Freud à leur public aussi fidèlement que possible — en fonction d'un certain système de référence. Quand Freud nous apparaît plus obscur ou plus dogmatique dans une traduction anglaise que dans l'original allemand, quand il semble manier des concepts abstraits, plutôt que s'adresser au lecteur lui-même, quand il parle de l'intellect au lieu de l'âme de l'homme, il ne faut probablement chercher l'explication ni dans une malignité ni dans une négligence de la part des traducteurs. On peut y voir un désir délibéré de maintenir Freud strictement dans le cadre de la médecine et, peut-être, une tendance inconsciente à se mettre à l'abri du choc affectif que Freud aurait voulu provoquer.

Les traductions anglaises se rattachent à la première époque de la pensée de Freud, où il penchait vers la science et la médecine, et négligent le Freud de la maturité, avec son orientation humaniste, et qui s'intéressait surtout aux vastes problèmes humains et culturels, et aux choses de l'âme. Freud lui-même déclarait qu'il considérait la signification culturelle et humaine de la psychanalyse comme plus importante que ses implications médicales.

En résumant, dans la trente-quatrième des *Nouvelles Conférences* (1933), ce qu'il considérait comme les principaux mérites de la psychanalyse, Freud, tout en attirant l'attention sur ses succès thérapeutiques, ne cachait pas ses limitations en ce domaine ; en fait, il admettait n'avoir jamais montré un enthousiasme réel pour la psychanalyse comme thérapie. Bien que la psychanalyse soit sans nul doute la méthode la plus précieuse de psychothérapie, la guérison ne peut qu'être espérée car c'est aussi la méthode la plus difficile, la plus exigeante et qui demande le plus de temps. Freud nous recommandait de nous intéresser à la psychanalyse « non comme thérapie, mais plutôt pour ce qu'elle nous révèle du plus intime de l'humain, de son essence et des rapports qui existent entre les actes les plus divers ». Son plus grand espoir était qu'à mesure que se répandraient les connaissances psychanalytiques, qu'elles seraient mieux comprises, on réformerait les principes d'éducation des enfants. Freud considérait cela « peut-être comme la plus importante activité dans l'analyse » parce qu'elle pouvait libérer le plus grand nombre de gens — et pas seulement la poignée qui se soumettrait personnellement à une analyse — de répressions inutiles, d'angoisses vaines et de haines aux effets destructeurs. La psychanalyse, en réduisant dans une large mesure nos souffrances et nos conflits internes, pourrait ainsi nous aider à devenir plus humains. Freud disait dans son *Post-Scriptum à la question de l'analyse par des non-médecins* (1927) que « la psychanalyse n'est pas une spécialité de la médecine. Je ne vois pas comment on peut résister à reconnaître cela. La psychanalyse fait partie de la psychologie. Ce n'est pas une psychologie médicale dans le sens traditionnel, ni la psychologie des processus pathologiques. C'est la psychologie proprement dite ; certainement pas toute la psychologie, mais son substratum, peut-être son fondement même ». Il continuait en demandant que l'on prenne garde à ne pas s'égarer dans des applications à caractère médical ; il comparait la psychanalyse à l'électricité, qui a des usages médicaux grâce aux techniques des rayons X, en soulignant que l'électricité ne fait pas pour autant davantage partie de la médecine que la physique. En dépit de ces affirmations les plus claires, la psychanalyse fut perçue aux Etats-Unis comme une pratique réservée à la seule prérogative des médecins, au lieu qu'on l'accepte pour ce qu'elle est dans son sens le plus profond et le plus important : un appel à une humanité meilleure et un moyen d'y parvenir. Les analystes américains s'attachaient si fortement à ce que la psychanalyse soit le privilège des médecins qu'en 1926 l'Etat de New York fit passer une loi déclarant qu'une analyse qui n'était pas conduite avec un médecin était illégale. Pas encore satisfaits, les Américains continuèrent leur bataille à l'intérieur de l'Association internationale de psychanalyse et menacèrent de rompre avec le mouvement psychanalytique international, à moins que l'on ne se rallie à leurs vues. De sévères dissensions apparurent à la suite de disputes à ce sujet à l'intérieur de l'Association psychanalytique internationale, qui durèrent de 1926 à 1932, lorsque Ernest Jones, président d'un comité qui avait été mis sur pied par l'association pour s'occuper du problème, opéra un compromis suivant lequel chacune des sociétés nationales qui formaient l'association internationale aurait désormais le droit de fixer les capacités requises pour être membre. En conséquence, les analystes américains décidèrent, en opposition avec les ardentes convictions de Freud, qu'en règle générale seuls les médecins pourraient devenir analystes aux Etats-Unis.

Cette décision devait avoir des conséquences lointaines que personne n'avait soupçonnées à ce moment-là. Lorsque Freud accepta malgré lui la décision des analystes américains, le centre de la psychanalyse était, en Europe, sous la domination évidente du groupe viennois rassemblé autour de lui-même. Les sept membres du « comité » qui avait la direction du mouvement psychanalytique vivaient tous en Europe : Freud et Otto Rank à Vienne, Karl Abraham, Max Eitingon et Hanns Sachs à Berlin, Sandor Ferenczi à Budapest, et Ernest Jones à Londres. Personne n'imaginait que le petit groupe relativement insignifiant d'analystes des Etats-Unis aurait pu avoir la moindre influence sur le développement général de la psychanalyse, puisque toute avancée théorique et pratique tirait ses origines des centres européens et, principalement, de Freud lui-même, de sa fille Anna et des autres membres du comité. A l'avènement d'Hitler cependant, tout changea brusquement. La psychanalyse disparut du continent, et après la guerre les psychanalystes américains formaient le groupe le plus large et le plus influent, dominant le champ tout entier. Il est à tout le moins douteux que Freud, s'il avait prévu cette situation, ait accepté que la psychanalyse aux Etats-Unis puisse devenir une spécialité de la médecine, alors que, chaque fois qu'un point lui tenait particulièrement à cœur, il risquait des scissions dans le mouvement psychanalytique pour assurer sa progression en accord avec ses propres conceptions. On peut juger de la force de conviction qui animait Freud pour que la psychanalyse s'échappe du seul cadre médical dans une lettre de 1928 à son ami Oskar Pfister. Se référant à deux de ses récents livres, *La Question de l'analyse par les non-médecins* (1926) dans lequel il avait avancé qu'on devrait permettre à des non-médecins bien formés de soigner des patients et *L'Avenir d'une illusion* (1927) qui traitait de la nature des idées religieuses, Freud écrivait : « Je ne sais si vous avez deviné le lien secret qui existe entre *Analyse par des non-médecins* et *L'Illusion*. Dans le premier, je veux protéger l'analyse contre les médecins, et dans le dernier contre les prêtres. Je veux la confier à une profession qui n'existe pas encore, une profession de ministres séculiers des âmes qui n'auraient pas besoin d'être médecins et n'auraient pas le droit d'être prêtres [1]. » La psychanalyse ne

1. Ce que j'ai traduit par « ministre des âmes » est dans le texte ori-

devait être ni une discipline médicale ni une croyance. Les psychanalystes ne devaient pas penser ou « fonctionner » comme le font ceux qui soignent les corps, ni se comporter comme des pourvoyeurs de vérité révélée ou ésotérique. (Incidemment, dans son édition américaine originale, publiée en 1927, le titre de *La Question de l'analyse par des non-médecins* [1] — *Die Frage der Laienanalyse* — fut mal traduit et devint *Le Problème des analyses par des non-médecins* [2]. Le temps que le livre soit republié sous son titre correct, en 1947, le mal était fait.)

Les derniers mois de la vie de Freud, et alors que la psychanalyse avait presque cessé d'exister sur le continent européen, la rumeur se répandit largement qu'il avait changé d'opinion et pensait désormais que la psychanalyse devait être réservée aux médecins. En réponse à une question à ce sujet, il écrivit (en anglais) : « Je ne peux pas imaginer d'où cette rumeur stupide tire son origine, suivant laquelle j'aurais changé mes vues sur le problème de l'analyse par des non-médecins. Le fait est que je n'ai jamais répudié cette opinion, et j'y insiste même plus encore aujourd'hui, devant la tendance américaine évidente à transformer la psychanalyse en une simple servante de la psychiatrie. »

---

ginal, *Seelsorger,* terme normalement appliqué aux prêtres et aux ministres du culte. Freud l'utilisait dans un sens plus large, qui combine *Seele* qui veut dire « âme » et *Sorger* qui veut dire « celui qui administre des soins ».

1. En anglais, *The Question of Lay Analysis* (N. du T.).
2. En anglais, *The Problem of Lay Analysis* (N. du T.).

Pour caractériser la fonction d'analyste — celui qui saurait faciliter grandement l'émergence d'une personnalité nouvelle en rendant inoffensif le processus de changement —, Freud utilisait souvent la comparaison avec la sage-femme. De même que la sage-femme ne crée pas l'enfant, ni ne décide de ce qu'il sera, mais ne fait qu'aider la mère à lui donner naissance sans danger, de même le psychanalyste ne peut ni faire naître la nouvelle personnalité ni déterminer ce qu'elle devrait être ; seule la personne qui s'analyse peut y prétendre. D'autres ont aussi utilisé l'image de la sage-femme afin d'expliquer le travail de psychanalyse. La poétesse H.D. (Hilda Doolittle), parlant de son expérience avec Freud, pendant son analyse, disait : « Il est la sage-femme de l'âme. »

VII

Dans la Vienne du temps de Freud, la psychologie n'était pas une science naturelle mais une branche de la philosophie ; c'était surtout une activité spéculative et descriptive, et son contenu renvoyait pour l'essentiel à l'humanisme. Il fallut attendre la Seconde Guerre mondiale pour que la psychologie à Vienne échappe à ce cadre de référence, et, même alors, elle s'y essaya avec lenteur lorsque les psychologues se mirent à singer les étudiants en sciences naturelles dans leurs méthodes et leurs façons de penser.

On peut voir la conception que Freud se faisait de la psychologie à la manière dont il en parlait dans *La Question de l'analyse par des non-médecins* : « En psychologie, nous ne pouvons décrire qu'à l'aide de comparaisons. Il n'y a là rien de spécial, c'est la même chose ailleurs. Mais nous sommes obligés de changer à chaque instant ces comparaisons car aucune d'entre elles ne peut nous servir au-delà d'un certain temps. » Il y a plusieurs raisons à l'usage fréquent, chez Freud, de métaphores pour expliquer la nature de la psychanalyse. L'une d'entre elles vient du fait que la psychanalyse, bien qu'elle soit confrontée avec des faits bruts et objectifs, ne s'occupe pas d'eux en tant que tels, mais se consacre à l'interprétation imaginative et à l'explication des causes cachées, qui ne peuvent être qu'inférées. Les métaphores employées par Freud avaient pour but d'établir un pont entre les faits bruts auxquels se réfère la psychanalyse et la manière imaginative qu'elle utilise pour les expliquer. Une deuxième raison se rattache de façon encore plus étroite à la nature de la psychanalyse. A cause du refoulement, ou de l'influence de la censure, l'inconscient n'apparaît qu'en symboles ou en métaphores, et la psychanalyse, dans son approche de l'inconscient, essaie d'utiliser pour en parler son propre langage métaphorique. Finalement, les métaphores sont plus à même que des déclarations purement intellectuelles de toucher la corde sensible et d'exciter nos émotions, et de nous faire ainsi sentir ce dont il s'agit. Pour comprendre vraiment la psychanalyse, il ne suffit pas de l'admettre intellectuellement. Cela exige en même temps d'y être sensible émotionnellement. L'un ne va pas sans l'autre. Une métaphore bien choisie permettra les deux.

Freud insistait sur le fait que les poètes, comme les autres grands artistes, savent, lorsqu'ils expriment leur inconscient à l'aide de métaphores, tout ce que lui-même eut tant de peine à découvrir tout au long de sa vie. Dans tous ses écrits psychanalytiques, Freud s'est référé aux œuvres d'art et à la littérature pour s'efforcer de susciter nos intuitions et faire naître une compréhension à la fois consciente et inconsciente. Il a souvent cité Goethe, Shakespeare et d'autres poètes aussi bien que des écrivains tels que Dostoïevski, Nietzsche et Arthur Schnitzler en maintenant qu'ils savaient tout ce qu'on doit savoir sur l'inconscient. Le seul mérite qu'il revendiquait pour lui-même était d'avoir organisé cette connaissance et d'avoir fait en sorte qu'elle soit comme un outil disponible pour connaître l'inconscient de façon précise et non seulement intuitive. Freud ne citait que rarement les savants des sciences naturelles, pour ne pas parler des médecins, à l'exception de ses collègues psychanalystes qui étaient aussi médecins, et à qui il avait d'abord enseigné la psychanalyse.

Freud goûtait les anecdotes et les plaisanteries, en particulier les histoires juives, qui sont si fertiles en significations inconscientes. Comme dans les métaphores, le sens des plaisanteries est suggéré plutôt qu'indiqué, et l'initié est invité à réfléchir sur leur origine inconsciente. Freud a consacré l'une de ses œuvres majeures à montrer avec quelle habileté et quelle concision les plaisanteries, en nous amusant, nous donnent une idée profonde de l'inconscient humain, et à diverses reprises dans ses écrits il s'est servi de plaisanteries dans le même dessein. (L'intelligentsia viennoise, du temps de Freud, était friande de ces nombreuses histoires juives qui témoignaient de son ingéniosité, tandis que sa prétention à la supériorité se trouvait comme émoussée par le rire qu'elles déclenchaient. L'antisémitisme effréné qui sévissait à Vienne était fortement ressenti parmi la population juive, et bien qu'il eût été imprudent pour elle de montrer ouvertement ses sentiments, les histoires juives lui permettaient fréquemment de s'épancher : elles n'étaient souvent que les métaphores de ces sentiments réels.)

Pour ces raisons et bien d'autres de même ordre, il est important, si nous voulons comprendre Freud, d'accorder beaucoup d'attention à l'usage des métaphores. Il n'est d'ailleurs pas toujours évident de décider si, oui ou non, il parle par métaphores. Il importe également que nous ne prenions pas celles-ci pour des affirmations factuelles.

Parmi toutes les métaphores dont Freud s'est servi, aucune n'a probablement eu plus de portée que celle de la maladie mentale et, par conséquent, celle de la psychanalyse comme traitement et cure de la maladie mentale. Freud a évoqué l'image de la maladie et de son traitement pour nous permettre de comprendre la façon dont certains troubles influencent la psyché, ce qui est à leur origine, et comment on peut s'en occuper. Si, au lieu de prendre cette métaphore pour ce qu'elle est, nous croyons pouvoir nous référer à des faits objectifs, la compréhension réelle de l'inconscient et de son mode de fonctionnement nous échappe complètement. Dans cette métaphore, le corps prend la place de l'âme. Si l'on interprète la métaphore littéralement, comme on l'a fait aux Etats-Unis, il semble que notre psyché, ou notre âme — pour Freud les deux termes sont interchangeables —, devienne quelque chose de tangible. Elle acquiert comme une existence physique, un organe corporel ; d'où résulte que son traitement devient une partie de la médecine.

Aux Etats-Unis, naturellement, on a perçu la « guérison de la maladie mentale » comme la tâche principale de la psychanalyse, tout comme la guérison des maladies du corps est celle de la médecine. On s'attend à ce que quiconque entreprend une psychanalyse obtienne des résultats tangibles — des résultats du même genre que ceux qu'obtient le médecin du corps — plutôt qu'une meilleure connaissance de soi et une plus grande maîtrise de sa vie. En 1949, l'un des psychologues les plus réputés d'Amérique déclara au cours d'une réunion de l'American Psychological Association que, de tous les aspects de la théorie freudienne, ce sont les mécanismes d'adaptation qui ont rencontré l'accueil le plus favorable aux Etats-Unis. Cette déclaration remarquable révèle bien la nature de l'acceptation américaine de la psychanalyse, en particulier si l'on tient compte du fait que Freud se souciait peu d'« adaptation » et n'y attachait aucune valeur. Ce qui est vrai, et ce qu'aurait dû dire de la psychanalyse ce porte-parole américain, c'est qu'on a injecté le concept d'« adaptation » dans le système freudien parce qu'il était très important dans le système de valeurs des psychanalystes américains, et que ce genre de retouches explique le large accueil de la psychanalyse en Amérique. Si les psychanalystes américains avaient partagé l'intérêt de Freud pour l'âme et son mépris de toute adaptation, ou ajustement, aux exigences de la société, l'histoire de la psychanalyse aux Etats-Unis aurait été entièrement différente puisque la psychanalyse aurait dû s'échapper des étroites limites de la médecine. Mais, bien entendu, si cela s'était passé ainsi, la psychanalyse n'aurait peut-être pas connu le même succès aux Etats-Unis.

La culture allemande qui imprégnait Freud et son œuvre se caractérisait, comme aujourd'hui encore, par une opposition radicale et essentielle entre deux manières d'approcher la connaissance. Il existe deux disciplines, qui s'appellent toutes les deux *Wissenschaften* (« sciences »), et on les considère comme également légitimes dans leurs champs propres, bien que leurs méthodes n'aient presque rien de commun. Il y a d'abord les *Naturwissenschaften* (« sciences naturelles ») et, en opposition à celles-ci, dans leur contenu comme dans leurs méthodes, les *Geisteswissenschaften*. Le terme *Geisteswissenschaften* défie toute traduction en anglais ; son sens littéral serait « sciences de l'esprit ». C'est un concept qui trouve ses racines profondes dans la philosophie idéaliste allemande. A ces deux disciplines correspondent donc deux visions entièrement différentes du monde. Renan, dans un effort d'interprétation en français, a suggéré que cette double approche tendait à distinguer dans toute connaissance la *science de l'humanité* et la *science de la nature*.

La connaissance oppose ainsi un savoir herméneutique-spiritualiste et un savoir positiviste-pragmatique. Dans le monde germanique, et notamment à Vienne, avant Freud comme de son temps, il est classique que la psychologie entre presque toujours dans la première catégorie ; dans le monde anglophone, en revanche, la psychologie appartenait aux *Naturwissenschaften.*

L'Allemand Wilhelm Windelband, philosophe influent contemporain de Freud, a développé les différences fondamentales entre ces deux abords de la connaissance. Il a posé les sciences naturelles comme nomothétiques parce qu'elles recherchent les lois générales qui les fondent, et que les mathématiques y jouent souvent un rôle important. Les *Geisteswissenschaften*, en revanche, étaient pour lui idiographiques parce qu'elles cherchent à interpréter leurs objets d'étude en tant qu'événements singuliers et non comme cas particuliers de lois universelles ; leur méthode est celle de l'Histoire puisqu'elles s'occupent de l'histoire humaine, des idées et des valeurs individuelles. Les sciences nomothétiques exigent vérification et font appel à l'expérience ; les découvertes doivent pouvoir s'analyser par les mathématiques et la statistique et, ce qui est plus important, permettre de prédire avec exactitude. Les sciences idiographiques s'occupent d'événements qui ne se reproduiront jamais sous la même forme, et que l'on ne peut ni répéter ni prévoir.

La psychanalyse cherche à découvrir les événements de la vie passée de l'individu et leurs conséquences pour lui, et ni les événements ni leurs conséquences ne peuvent être exactement les mêmes pour deux personnes. Freud a souvent comparé la psychanalyse à l'archéologie : le travail de la psychanalyse consiste à exhumer les restes profondément enfouis du passé et à les combiner avec d'autres fragments plus accessibles ; une fois tous les morceaux mis ensemble, il devient possible de spéculer sur l'origine et la nature de la psyché individuelle.

La vocation de Freud était la psychanalyse, mais l'archéologie était son violon d'Ingres. Il possédait une vaste culture à la fois en archéologie et en Histoire, et s'intéressait peu aux sciences naturelles. Comme je l'ai déjà souligné, Freud collectionnait avec passion les antiquités grecques, romaines et égyptiennes — il se permettait des achats très onéreux pour lui. Son cabinet et le bureau sur lequel il écrivait toujours étaient encombrés de ces objets. Au cours de sa consultation, il lui arrivait parfois de s'en servir pour préciser un point en les présentant à son patient pour l'aider à mieux comprendre une idée particulière au sujet de l'inconscient. Ces objets avaient tant d'importance pour Freud qu'il refusa de quitter Vienne occupée par les nazis, et où sa vie était en danger, tant qu'il n'eut pas l'assurance de pouvoir emporter sa collection avec lui.

Il est clair que Freud s'intéressait profondément à la préhistoire : préhistoire du monde moderne qu'il cherchait à découvrir dans l'Egypte, la Grèce et la Rome anciennes ; préhistoire de l'homme comme individu, qu'il recherchait dans l'enfance et l'inconscient individuels ; préhistoire de la race humaine, qu'il tâchait de comprendre à travers les coutumes de l'homme primitif ; préhistoire de la culture, qu'il poursuivait dans les totems et les tabous, et dans le rôle de Moïse dans la création du monothéisme. Il ne peut y avoir de doute que lorsqu'il se référait à sa *Wissenschaft*, la psychanalyse, Freud voulait parler de l'étude des sources de l'humanité à travers les sources les plus variées.

La psychanalyse est évidemment une science idiographique, qui utilise des événements historiques et uniques pour éclairer le développement de la conduite de l'homme. Quand il analyse ses rêves, qui lui sont particuliers, quand il reconstitue l'histoire passée de ses patients ou discute de ce qui caractérise l'essence d'une œuvre d'art en rapport avec la vie et la personnalité de l'artiste, lorsqu'il analyse l'origine des religions ou des rituels, la psychologie des masses, la base de la société ou celle du monothéisme, dans tous les cas, Freud travaille dans le cadre des *Geisteswissenschaften*, il applique les méthodes qui conviennent à une science idiographique.

Lorsque le lecteur de langue anglaise se trouve confronté au mot « science », cependant, il pense aux sciences naturelles, et le mot « psychologie » le fera vraisemblablement penser à une discipline qui se veut une science exacte, donc à une science qui est fondée sur des expériences vérifiées, et que l'on peut reproduire et étudier statistiquement. Si l'on ajoute à cette notion la conviction que la psychanalyse appartient au champ de la médecine (Freud n'était-il pas médecin avec des patients qu'il soignait ? Et la pratique de la psychanalyse n'est-elle pas limitée aux médecins ?), il semble logique d'interpréter l'œuvre de Freud comme faisant partie des sciences naturelles et de traduire ses écrits en conséquence.

Dans cet état d'esprit, le traducteur essaiera de se servir de termes précis, et de rendre les choses claires et définies bien que les traités de Freud qui se consacrent à l'inconscient dans toutes ses manifestations résistent très souvent à de tels efforts. Si le traducteur se trouve confronté avec des termes nouvellement créés, et qui n'ont pas encore d'équivalent en anglais, il va les traduire en inventant lui-même des termes nouveaux, ce qui permet des définitions claires au lieu d'évoquer des contenus flous mais chargés d'émotion. En effet, il peut croire que Freud avait à l'esprit ou souhaitait une telle précision au moment où il avait créé ces expressions. De cette façon, la traduction ajoutera à l'impression que le système de Freud se réfère aux sciences naturelles.

De telles méthodes, dans la traduction, se trouvent renforcées du fait que les textes scientifiques exigent en anglais un certain degré de clarté et de précision qui n'est pas nécessaire en allemand. Certaines expressions que l'anglais rejetterait comme confuses ou brouillonnes sont parfaitement acceptables pour l'allemand. Alors que les auteurs anglais, notamment dans les textes scientifiques, évitent les ambiguïtés, elles fourmillent dans les textes allemands. Les ouvrages psychanalytiques, qui font une si large part à l'étude de l'inconscient — lui-même plein d'ambiguïtés et de contradictions —, chercheront en allemand à en tenir compte, alors que le bon style exige de les éviter en anglais. En théorie, le traitement de nombreux thèmes dont s'est occupé Freud peut se faire par la méthode herméneutique et spiritualiste ou bien par la méthode positiviste et pragmatique. Lorsque c'est le cas, les traducteurs optent presque toujours pour la seconde, le positivisme appartenant à la tradition philosophique anglaise la plus importante.

Cela ne veut pas dire que ceux qui désirent voir en Freud un savant des sciences naturelles et dans la psychanalyse une spécialité de la médecine ne trouveront pas de justification à leur façon de voir dans certaines choses qu'il a dites. Freud ne fut pas psychanalyste toute sa vie ; il vint à la psychanalyse lorsqu'il avait dépassé la quarantaine. Il s'est occupé avant son œuvre psychanalytique de physiologie et de médecine. Pendant ses études de physiologie à l'université de Vienne, Freud avait été fortement impressionné par la rigueur scientifique que ses mentors déployaient et exigeaient des autres ; c'est pourquoi il fit siennes leurs méthodes et leurs valeurs. Il continua à y adhérer pendant un temps après qu'il eut décidé de devenir médecin de clientèle privée et de se spécialiser en neurologie. Son attitude ne changea que graduellement.

Freud a parlé, avec quelques détails, de son désir, à une certaine époque, de consacrer sa vie à la recherche dans le domaine de la physiologie où il avait obtenu de nombreux succès. Il a dit qu'il n'y avait renoncé que pour des raisons économiques. Cependant, son caractère comme l'histoire de sa vie suggèrent que l'explication de Freud n'est pas complète ; il ne s'agit, en fait, que d'une rationalisation commode, comme c'est bien souvent le cas lorsqu'on met en avant ses intérêts pécuniaires. Freud s'est expliqué, de même, sur ses échecs à être reconnu comme l'inventeur de l'usage médicinal de la cocaïne. Cependant, il se priva lui-même de l'honneur attaché à cette grande découverte quand, au moment crucial de sa recherche, il quitta Vienne pour rendre visite à sa fiancée, ce qu'il aurait pu s'arranger pour faire en d'autres occasions. Sa façon de se conduire, dans cet exemple, fait apparaître qu'il désirait inconsciemment abandonner sa carrière de chercheur.

Freud était une personnalité très complexe, un homme qui fut poussé à une auto-analyse par ses propres conflits intérieurs — processus qui le conduisit à la découverte de la psychanalyse. C'est cela même, son auto-analyse, qui constitue la grande transformation de Freud. Ses idées subirent de profondes évolutions en cours de route, et c'est pourquoi il a dit des choses différentes sur la psychanalyse à des moments différents. Mais les affirmations répétées de Freud sur la profondeur de son attachement aux sciences naturelles et à leurs méthodes — affirmations dont il est certain qu'elles étaient sincères au moment où il les soutenait — posent question lorsqu'on considère son humanisme et l'usage qu'il a fait des principes de l'idiographie pour porter à notre connaissance comme à la sienne propre certains phénomènes.

On a beaucoup écrit sur le rôle et la signification qu'a joués l'amitié profonde qui liait Freud et Wilhelm Fliess dans l'auto-analyse de Freud. Fliess, médecin rhino-laryngologiste, était, comme Freud, extrêmement intéressé par l'importance profonde de la sexualité dans la vie de l'homme. Fliess était convaincu qu'une périodicité était à la base de tous les processus biologiques, y compris la naissance, la maladie et la mort. Pour le prouver, il appliqua la plus abstraite des disciplines — les mathématiques — à l'étude de la biologie et chercha à comprendre tous les processus physiologiques à partir de ses spéculations mathématiques. Freud voulut suivre les raisonnements de son ami, mais il ne put jamais se résoudre à le faire à un tel degré. Au cours de son auto-analyse, Freud s'est éloigné toujours davantage des sciences exactes. Dans une de ses lettres adressées à Fliess, il écrivait : « S'il y a deux personnes, l'une qui sait dire ce qu'est la vie, l'autre ce qu'est (ou presque) l'âme, il n'est que juste qu'ils se voient et se parlent souvent. » De cette façon, Freud faisait la distinction entre son propre travail, l'étude de l'âme et l'œuvre de Fliess dans les sciences naturelles.

A mesure qu'avançait son auto-analyse, Freud prenait davantage ses distances à l'égard des sciences naturelles et de Fliess ; à la fin, il rompit complètement avec Fliess. Personne ne remplaça vraiment Fliess comme ami intime et confident de Freud, mais peu de temps après sa rupture avec lui, Freud commença une correspondance régulière et fréquente avec Jung. Comme Fliess, Jung était médecin, mais il était aussi psychanalyste et, comme l'a montré son œuvre postérieure, les mythes et la préhistoire le fascinaient. Ces sujets occupaient aussi énormément l'esprit de Freud, naturellement, et, bien que son attitude envers la religion et l'intérêt qu'il lui portait fussent très différents de ceux de Jung, tous les deux l'ont étudiée d'un point de vue psychologique. On peut considérer que lorsque Freud s'est détourné de Fliess pour se rapprocher de Jung, il s'éloignait, dans son développement intérieur, de la biologie pour aborder l'étude de l'âme.

Un autre exemple illustre la façon dont Freud se détachait de l'idée que la psychanalyse pouvait être une science exacte, susceptible de permettre les reproductions et prédictions qui caractérisent les sciences proprement dites : on le trouve dans la façon dont ses vues sur le symbolisme des rêves ont évolué. En 1913, il écrivait dans l'article sur « L'intérêt de la psychanalyse » que les psychanalystes étaient « capables, dans une certaine mesure, de traduire le contenu des rêves indépendamment des associations du rêveur ». C'est-à-dire que Freud croyait alors que sa « science » lui permettait de dire presque à coup sûr ce que, derrière les apparences, signifiait un symbole dans le rêve d'un patient quelconque. En 1925, dans l'article « Quelques notes additionnelles sur l'interprétation du rêve comme un tout » il écrivait : « L'interprétation d'un rêve [...] sans référence aux associations du rêveur [...] resterait un exercice de virtuosité non scientifique dont la valeur serait très douteuse. » Il avait décidé que le même symbole pouvait avoir des implications entièrement différentes pour des personnes différentes, et que ce n'est qu'en étudiant les associations particulières à un individu que l'on pouvait comprendre ce que le symbole signifiait pour lui. Il était parvenu à la conviction que chaque événement psychologique était unique, avait sa propre histoire, et qu'il n'existait et ne se comprenait que dans son contexte.

Plus tard, Freud se rendit compte avec encore plus de clarté qu'il s'était laissé détourner par les sciences naturelles de ce qu'il voulait réellement faire de sa vie. Dans *La Question de l'analyse par les non-médecins* il écrivait : « Après quarante et une années d'activités médicales, je me rends compte que je n'ai pas été médecin au sens propre du terme. C'est parce que j'ai été obligé de dévier de mes intentions à l'origine que je suis devenu médecin, et le triomphe de ma vie réside dans le fait d'avoir retrouvé, après un grand détour, mon chemin dans la direction initiale. » Freud a expliqué ce qu'était cette direction initiale dans son *Post-Scriptum à une étude autobiographique* (1935) :

« Après un détour de toute une vie par les sciences naturelles, la médecine et la psychothérapie, mon intérêt s'est reporté vers ces problèmes culturels qui avaient autrefois captivé le jeune homme qui s'éveillait à peine à une pensée plus profonde. Cet intérêt était centré sur "les événements de l'histoire de l'homme, les influences mutuelles entre la nature de l'homme, le développement de la culture, et ces résidus d'événements préhistoriques dont la religion est la représentation la plus évidente [...], études qui trouvent leur origine dans la psychanalyse mais vont bien au-delà''. »

Même avant que Freud ne déclare aussi explicitement que ce n'étaient pas les sciences naturelles ni la médecine qui se situaient au centre de ses intérêts, un Anglais, qui se considérait comme un homme de sciences au sens strict, reconnaissait que l'engagement de Freud était avant tout dans l'étude des humanités. Wilfred Trotter, que Freud avait abondamment cité dans son livre *Psychologie collective et Analyse du Moi* (1921), écrivait : « Si impressionné que l'on soit par la grandeur de l'édifice que Freud a bâti et la solidité de son architecture, on ne peut guère manquer, lorsque l'on sort de l'atmosphère vivifiante des sciences biologiques, d'être oppressé par l'odeur d'humanité qui s'y répand. »

Le point auquel je m'attache ici n'est pas de savoir dans quelle mesure Freud considérait, à certaines périodes de sa vie, la psychanalyse comme une science naturelle, et s'il se voyait lui-même comme un naturaliste, car c'est bien ce qui s'est passé. Je voudrais seulement poser la question : est-ce que les affirmations de Freud qui vont dans ce sens n'ont pas égaré, hier comme aujourd'hui, ses traducteurs anglais et, par conséquent, les Américains qui étudient la psychanalyse, au point qu'ils conçoivent mal tout ce qu'il a écrit par ailleurs, pour nous faire admettre que la psychanalyse est une entreprise humaniste ?

VIII

La plupart des écrits de Freud ont été publiés en anglais de son vivant, et toutes les traductions de son œuvre qui existent en langue anglaise ont reçu soit l'autorisation de Freud lui-même, soit de ses héritiers. Il est difficile de comprendre comment Freud, qui lisait et écrivait l'anglais couramment, a pu laisser faire des traductions défectueuses dans la lettre comme dans l'esprit, et qui s'opposent aux efforts de compréhension véritable de son œuvre.

J'ai lu systématiquement Freud, pour la première fois, en traduction anglaise, à la fin des années 1940, lorsque certains de mes amis et collègues de l'université de Chicago se trouvèrent impliqués dans la préparation d'une publication pour l'*Encyclopaedia Britannica* : *Great Books of the Western World*. Le cinquante-quatrième et dernier volume devait être entièrement consacré aux écrits de Freud. Quand on m'a consulté au sujet des œuvres qui devaient être choisies pour être incluses dans ce volume, j'ai suggéré qu'il était nécessaire d'entreprendre de nouvelles traductions qui seraient plus fidèles à ce que Freud avait réellement écrit, et à ce qu'il avait voulu exprimer. Mes arguments, fondés non seulement sur ma lecture de Freud en anglais, mais aussi sur ce que j'avais constaté de l'incapacité de mes étudiants et du personnel d'encadrement de l'Ecole orthogénique à comprendre Freud dans ces traductions, avaient dû être assez convaincants. Pendant un temps, les rédacteurs ont envisagé de lancer de nouvelles traductions des œuvres retenues. Mais, à la fin, on manqua de temps, la dépense était trop importante, et il était peu vraisemblable que l'on obtienne la permission des héritiers de Freud.

Quelques années plus tard, le directeur d'une grande fondation m'a rencontré pour me proposer de préparer une nouvelle traduction annotée des écrits de Freud. Je ne me sentais pas enclin à accepter le défi que constituait une telle offre car, d'une part, j'aurais consacré à cette tâche le reste de ma vie, d'autre part, j'avais des doutes sur mes aptitudes et, enfin, j'étais plongé dans mon travail, à l'Ecole orthogénique. Il y avait aussi le problème bien connu de savoir si les détenteurs des droits permettraient la publication d'une traduction nouvelle, en particulier depuis qu'une édition autorisée des œuvres complètes de Freud était déjà en préparation.

La *Standard Edition of the Complete Psychological Works of Sigmund Freud*, en vingt-quatre volumes, fut publiée à Londres par Hogarth Press, et fit son apparition entre 1953 et 1974. Le rédacteur en chef de la série, James Strachey, avait entrepris une analyse avec Freud, à Vienne, après la Première Guerre mondiale, et avait traduit plusieurs de ses œuvres en anglais du vivant de Freud. Pour la Standard Edition, Strachey, ou bien révisa des traductions existantes, ou bien, dans certains cas, prépara lui-même des traductions complètement nouvelles. Toutes les traductions reçurent l'approbation d'Anna Freud. Comme les traductions de la Standard Edition sont dans la plupart des cas bien meilleures que celles des éditions précédentes — bien que beaucoup, beaucoup d'insuffisances subsistent —, nous nous appuyons pour toutes nos discussions sur cette édition. (On doit noter, aussi, que la majorité écrasante des Américains qui lisent Freud ne lisent pas la Standard Edition, mais diverses éditions à bon marché qui réimpriment les traductions précédentes et de moins bonne qualité !)

La tendance des traducteurs à remplacer des mots d'usage courant par des termes médicaux et des emprunts savants au grec et au latin est évidente d'un bout à l'autre de la Standard Edition. Dans le dixième chapitre de *L'Introduction à la psychanalyse* (1916-1917), où Freud discute du sens des symboles dans les rêves, il écrit : « Que le four soit [le symbole d'] une femme et [d'] un sein maternel est confirmé par la légende grecque de Périandre et de sa femme Mélissa » (*Dass der Ofen ein Weib und Mutterleib ist, wird uns durch die griechische Sage von Periander von Korinth und seiner Frau Melissa bestätigt*). Cela a été rendu dans la Standard Edition par : « *That ovens represent women and the uterus is confirmed by...* » (« Que les fours représentent des femmes et l'utérus est confirmé par... »). Il y a ici plusieurs difficultés. Il peut paraître inoffensif de remplacer « le four » et « une femme » par « les fours » et « des femmes », mais cette substitution n'est pas purement gratuite. Elle peut rendre l'affirmation inexacte. J'ai eu affaire à bien des rêves dans lesquels un four ou un poêle représentait une femme ou la matrice, mais je n'ai jamais entendu parler d'un rêve dans lequel des fours représentaient des femmes ou des matrices, au pluriel. Bien pis, naturellement, est de traduire « le sein de la mère » par « utérus ». Je n'ai certainement jamais rencontré un rêve dans lequel un four voulait dire un utérus, ni aucun de mes amis psychanalystes. Mais même dans le cas invraisemblable où de tels rêves pourraient survenir, ce n'est pas ce que Freud voulait dire. Bien qu'en anglais, *womb* et *uterus* puissent être employés indifféremment, *Mutterleib* (« sein de la mère ») ne peut se traduire que par « *womb* ». Le désir de substituer un terme médical à un mot du langage courant conduit à remplacer un mot auquel sont associées de profondes émotions par un mot qui n'en évoque guère. Qui aimerait retourner dans un utérus ?

Freud choisit le titre « *Die Zerlegung der Psychischen Persönlichkeit* » pour le trente et unième chapitre de ses *Nouvelles Conférences sur la psycha-*

nalyse. Une traduction littérale de ce titre est la suivante : « *The taking apart of the Psychic Personality* » (« Le démontage de la personnalité psychique »). Dans le contexte du titre, *Zerlegung* (« démontage ») pourrait se rendre plus familièrement par « analyse » ou « division ». Dans la Standard Edition, ce chapitre s'appelle : « L'anatomie de la personnalité mentale ». Rien dans l'original ne suggère la possibilité de traduire *Zerlegung* par « anatomie », et l'usage de l'allemand ne permet pas une telle traduction. Le mot « anatomie » (*Anatomie*) s'emploie aussi fréquemment en allemand qu'en anglais, et il a le même sens dans les deux langues. Freud, qui a étudié l'anatomie lorsqu'il était étudiant en médecine, aurait employé ce mot si c'était ce qu'il avait à l'esprit. Le choix des traducteurs pour ce mot reflète leur préférence à utiliser des termes médicaux.

Seul le désir de concevoir la psychanalyse comme une spécialité de la médecine peut expliquer pourquoi trois des nouveaux concepts théoriques les plus importants chez Freud ont été traduits, non pas en anglais, mais dans cette langue dont on ne se sert guère aujourd'hui que pour la rédaction des ordonnances. Dans la conceptualisation de Freud sur l'organisation de la psyché, son fonctionnement se situe dans les trois royaumes du conscient, du préconscient et de l'inconscient. Les processus psychiques qu'il discute concernent l'intimité de la personne. Pour dénommer deux de ces concepts, Freud a choisi des mots qui sont parmi les premiers que le petit Allemand utilise. Pour faire allusion à la partie voilée et inconsciente de l'esprit, il a choisi le pronom personnel *es* [1], et il l'a employé comme un nom (*das Es* [2]). Mais la signification de l'expression *das Es* ne prend toute sa force que lorsque Freud l'emploie en liaison avec le pronom *Ich* et avec sa forme substantive *das Ich* [3]. Ce que Freud voulait dire ressort clairement du titre du livre — *Das Ich und das Es* — dans lequel se trouve pour la première fois la définition de ces deux concepts, l'un étant d'ailleurs la contrepartie de l'autre. Traduire ces deux pronoms par leurs équivalents en latin — l'« ego » et l'« *id* » — plutôt qu'en anglais, c'est en faire des termes techniques et froids, qui n'éveillent aucune association qui soit personnelle. En allemand, ces pronoms possèdent naturellement un potentiel affectif car les lecteurs les ont employés toute leur vie. Le soin avec lequel Freud choisissait des mots vrais facilitait la compréhension intuitive de sa pensée.

Aucun mot n'éveille de résonances plus profondes et plus intimes que le pronom « je ». C'est l'un des

1. En allemand, le pronom personnel à la troisième personne est masculin, féminin ou neutre. C'est le dernier cas que Freud a choisi. Il a son équivalent en anglais, soit « *it* » (N. du T.).

2. En français, *das Es* est traduit par « le Ça » et en anglais par « *The It* » (N. du T.).

3. *Ich* et *das Ich*, « Je » et « le Je ». Nous avons préféré conserver en français « Moi » et « le Moi », comme l'habitude en a été prise dans la littérature psychanalytique. En anglais, « The I » peut par contre s'employer sans difficulté, comme le souligne B. Bettelheim (N. du T.).

mots qu'on utilise le plus fréquemment dans le langage parlé. Bien plus, c'est par excellence le mot qui concerne la personne. Traduire *Ich* par « ego », c'est faire de ce mot un jargon qui n'exprime plus rien de l'engagement personnel que nous faisons quand nous disons « je » ou bien « moi » — sans parler du souvenir subconscient de l'émotion que nous avons ressentie quand, dans notre tendre enfance, nous sommes partis à la découverte de nous-même en apprenant à dire « je ». J'ignore si Freud connaissait bien l'affirmation d'Ortega y Gasset suivant laquelle créer un concept, c'est laisser la réalité derrière soi, mais il en connaissait certainement la véracité et cherchait autant que possible à éviter cet écueil.

En créant le concept du *Ich*, il a établi un lien avec la réalité qu'il devient pratiquement impossible de dénouer. Lorsqu'il est question de Moi dans une lecture ou dans une conversation, on se trouve contraint à un regard introspectif. Par contraste, un « *ego* » qui se sert de mécanismes précis, tels que déplacements ou projections, en vue d'atteindre son but, dans sa lutte contre un « *id* », cela peut s'étudier de l'extérieur, en observant les autres. C'est donc une traduction impropre qui ne tient pas compte de l'affectivité de nos réactions : la psychologie introspective n'est plus que comportementale, elle observe du dehors. Naturellement, c'est exactement la façon dont les Américains voient et utilisent la psychanalyse.

Le mot « *ego* » était déjà employé en anglais,

dans de nombreuses acceptions, bien avant que les traducteurs de Freud ne l'introduisent comme concept psychanalytique. Ces usages, qui existent encore dans le langage actuel, sont tous péjoratifs, comme dans *egoism, egoistic* et *egotism.* (L'expression de l'argot moderne, *ego trip* « la fête pour soi », est, elle aussi, péjorative.) C'est aussi vrai de leurs homologues allemands, tels que le nom *Egoist* et l'adjectif *egoistisch.* Freud, comme tous ceux dont l'allemand est la langue maternelle, savait, bien entendu, que le mot « *ego* » a vu son sens dériver de cette façon.

En nommant un de ses concepts majeurs le *Moi,* Freud a voulu rapprocher du lecteur, par le choix des mots, ses théories sur le fonctionnement de la psyché humaine. S'il fallait trouver une différence, le *Ich* allemand exprime la personne avec encore plus de force que le *I* anglais. Lorsqu'on parle en anglais, et que l'on désire mettre l'accent sur son engagement personnel, on a la possibilité d'utiliser « *me* » (moi) plutôt que « *I* » ; on dira par exemple *That's me* (« C'est moi »), alors qu'en allemand on emploierait *Ich* comme dans *« Ich bin es, der spricht »* (« C'est moi qui parle, je suis celui qui parle »). A cet égard, on pourrait trouver des exemples où, suivant le contexte, *the me* (« le Moi ») rendrait mieux les intentions de Freud que « *the I* » (« le Je »). Là où Freud a choisi un mot qu'on utilise dans le langage de tous les jours, qui nous fait vibrer, qui nous fait sentir que nous sommes bien vivants, les traducteurs nous offrent un terme extrait d'une langue morte, qui pue l'érudition, alors que c'est de la vitalité qui devrait en émaner. Le sentiment d'assurance qui nous envahit souvent, quand nous disons « je », illustre la façon dont le Moi de la personne essaie d'imposer sa propre volonté à ce qu'on appelle, dans les traductions, le « *id* » et le *superego* [1], ainsi qu'au monde extérieur. L'illustration se perd quand nous parlons de l'ego. Lorsque je dis « je », je veux parler de mon moi tout entier, de ma personnalité tout entière. Freud, il est vrai, a fait ici une importante distinction. Ce qu'il a appelé le « *Ich* » se rapporte avant tout aux aspects conscients et rationnels de soi. D'une certaine façon, nous savons que nous ne sommes pas toujours raisonnables et que nous n'agissons pas toujours rationnellement. La psychanalyse, plus que toute autre discipline, nous fait nous rendre compte des aspects irrationnels inconscients de l'esprit. Aussi, quand Freud nomme les aspects raisonnables, conscients de l'esprit, le « Moi », nous nous sentons subtilement flattés que notre « Moi » *réel* soit ce que nous prisons le plus en nous. Cela nous donne le sentiment intuitif que Freud a raison de nommer le « Moi » ce que nous percevons comme le véritable nous-même, alors que nous savons bien que nous n'agissons pas toujours en accord avec *ce même*. Et, puisque la psychanalyse le nomme le « Moi », nous cherchons à nous ranger à ses côtés dans sa lutte contre les aspects irrationnels, infantiles et entièrement égoïstes qui sont en

1. En français, le *Surmoi*. Ici encore, nous avons évité la traduction littérale *Surje* (N. du T.).

nous. De façon subtile, le choix de ce mot pour désigner l'aspect conscient de l'esprit vient renforcer notre détermination de gagner la bataille contre le chaos provoqué par ce qui est irrationnel en nous. Pendant le traitement psychanalytique, cette détermination — cette participation du Moi du patient aux efforts du thérapeute — peut seule conduire au succès dans la lutte contre les forces ténébreuses en nous. Le Moi, plus que tout autre terme psychanalytique, nous encourage à faire passer l'inconscient dans le conscient.

Il nous est facile de dire : « Je ne me laisserai plus mener par mes angoisses irrationnelles », et quand nous disons cela après avoir pris connaissance du mode de pensée psychanalytique, nous savons bien que le « Je » dont nous parlons n'est essentiellement que l'esprit conscient, celui qui essaie de se rendre maître des bouffées anxieuses de l'inconscient. Personne ne peut déclarer sérieusement : « Mon ego ne se laissera plus mener par des angoisses irrationnelles. » Lorsque nous disons : « J'essaie de comprendre pourquoi j'ai fait cela », tout notre être se trouve engagé dans cet effort, bien que nous sachions que notre esprit rationnel est seul en train de chercher à comprendre pourquoi une pression inconsciente nous a fait faire quelque chose. Dans l'éventualité, bien invraisemblable, où quelqu'un dirait : « Mon ego essaie de comprendre pourquoi j'ai fait ceci », aucun sentiment d'engagement personnel ne serait ressenti.

Ego et *id* font partie d'un jargon théorique, mais

le but principal de la psychanalyse, c'est de nous aider à nous comporter en face des aspects les *moins* théoriques de l'esprit — de ce qu'il y a de plus primitif, de plus irrationnel en nous, et dont on ne peut parler, si possible, qu'en utilisant le langage le plus ordinaire, le moins compliqué. La distinction entre le Moi et le Ça nous apparaît immédiatement et n'a guère besoin d'explications psychanalytiques dans la mesure où elle est implicite à notre façon de parler. Par exemple, quand nous disons : « J'y suis allé », nous savons exactement ce que nous étions en train de faire, et pourquoi nous l'avons fait. Mais quand nous disons : « Ça m'a tiré dans cette direction », nous exprimons le sentiment que quelque chose en nous — nous ne savons pas quoi — nous a forcés à nous comporter d'une certaine façon. Quand une personne qui souffre de dépression déclare : « Ça m'a encore pris ou bien « Ça me rend la vie insupportable », elle exprime clairement son sentiment que ni son intellect, ni son esprit conscient, ni sa volonté n'expliquent ce qui lui arrive : le fait qu'elle est submergée par des forces internes qui dépassent ses compétences et ses moyens.

Et cependant, même « le Ça » ne véhicule pas la même émotion qu'au départ *das Es* soulevait en allemand. En allemand, le mot « enfant » (*das Kind*) est du genre neutre. Dans leurs premières années, tous les Allemands font cette expérience : lorsqu'on parle d'eux, on emploie le pronom neutre *es*. De ce fait, l'expression *das Es* suscite une émotion particulière, qui rappelle au lecteur allemand que c'est ainsi qu'on parlait de lui avant qu'il n'ait appris à refréner ses impulsions sexuelles, agressives et, d'une certaine façon, asociales ; avant qu'il n'ait commencé à se sentir honteux ou coupable à cause d'elles ; avant qu'il ne se soit cru obligé de résoudre ses contradictions et d'apporter un peu d'ordre logique dans ses pensées. Bref, il se rappelle le temps où toutes ses expériences étaient dominées par le Ça. Ces souvenirs, même s'il n'en est pas conscient, établissent une communion de sentiment avec ce que Freud veut dire lorsqu'il emploie cette expression pour l'inconscient.

Le concept de *Über-Ich*, que Freud a aussi introduit dans son livre *Das Ich und das Es*, et qui est devenu pour le lecteur anglais *superego*, associe deux mots allemands d'usage courant. C'est le second terme qui a le plus de signification à l'intérieur du mot composé ; il marque bien qu'il y a un rapport entre le concept et une partie intégrante de la personne, de l'intellect, qui permet de conserver la maîtrise de soi, souvent même de façon excessive. C'est la personne elle-même qui a créé cette instance, par nécessité interne, en réaction contre des pressions venues de l'extérieur, et qu'elle a intériorisées. La préposition *über* (« au-dessus de, sur ») éloigne le royaume de l'*Über-Ich* du domaine du *Ich*.

Il se trouve que la mauvaise traduction de *Über-Ich* par *superego* a été retenue, en anglais, et elle est utilisée plus souvent et plus facilement que *ego* ou *id*. Des gens qui ne parleraient jamais d'*ego* ou d'*id* n'hésitent pas à parler de leur *superego* ou de celui des autres. La raison en est peut-être qu'il n'y a pas de mot pour décrire cet ensemble qui comprend non seulement la « conscience » — et ici ce vieux mot convient admirablement —, mais aussi les autres aspects de la psyché, dont une partie est consciente et raisonnable, et l'autre inconsciente, déraisonnable, compulsive et maniaque de la punition ou de la persécution.

Dans le système freudien, le Moi, le Ça et le Surmoi ne sont que les différentes facettes de la psyché, et chacune se mêle inextricablement et en permanence aux autres ; on ne peut pas les séparer, sinon en théorie. Elles exercent, chacune à sa manière, une fonction importante et différente bien que se superposant aux autres. Dans la traduction anglaise, ce n'est pas tant le préfixe *super* dans *superego* qui s'oppose à une saisie affective du sens et du rôle de ce concept chez Freud. Le problème, comme dans le cas précédent, vient du terme *ego*. La fonction de *Ich* dans *Über-Ich* est de faire passer franchement l'idée qu'il existe une fonction d'autorité, et que c'est la personne elle-même qui l'a instituée : le Surmoi résulte d'une suite d'expériences, de désirs, de besoins et d'angoisses, mais aussi de la manière dont l'intellect les interprète. Cette fonction n'est parvenue à un tel rôle et à une telle puissance que parce que la personne a intériorisé dans le Surmoi les exigences qu'elle avait et qu'elle continue d'avoir envers elle-même. Cette prise de conscience permet de comprendre rapidement que les autres ont fait la même chose, et que le Surmoi joue le même rôle dans leur psyché. Si le *Ich*, dont la signification est essentielle dans l'expression, avait été conservé, au lieu de se transformer en *ego*, il aurait été plus facile au lecteur de sentir immédiatement que c'est à lui d'affronter cette partie de la psyché. Quant à l'adverbe, dans le mot composé, il doit seulement exprimer l'aspect de la psyché dont il s'agit, qui tente d'imposer une loi en s'abritant derrière une plus haute autorité. A cet égard, « *above-I* », « *over-I* », « *upper-I* » [1], ou d'autres termes similaires seraient autant de traductions acceptables pour *Über-Ich. Upper-I* serait peut-être au plus près du sens que voulait Freud. L'une des définitions de *upper* donnée dans le *Webster's New World Dictionary of the American Language* (auquel je me référerai désormais en écrivant le Webster's) est la suivante : « *Higher in authority, something above another similar thing, or a related part* [2]. » Nous sommes tous familiarisés avec le concept d'une « *Upper House* » (« chambre haute ») qui a en général plus d'autorité qu'une « *Lower House* » (« chambre basse »). Les rapports avec un emplacement plus élevé, et en même temps supérieur, lié à une autorité plus grande sont implicites dans le choix de Freud du mot *Über*.

Les traductions de Freud dans les autres langues que l'anglais montrent qu'il n'y avait pas de raison

1. « Au-dessus-de-Je », « Sur-Je », « Je Supérieur » (N. du T.).

2. « Supérieur en autorité, quelque chose au-dessus d'une autre chose similaire, ou d'une partie en relation avec elle. »

— à l'exception du désir inconscient de refouler l'émotion que suscite l'emploi de pronoms personnels, ou d'utiliser autant que possible le langage spécialisé de la médecine — qui obligeât à avoir recours aux pronoms latins pour traduire les pronoms allemands employés par Freud. Dans les traductions françaises de Freud, *das Ich* est presque toujours traduit par « le Moi » ; *das Es* est rendu par « le Ça » ou « le Soi » ; et le *Über-Ich* est le « Surmoi » ; en espagnol, *das Ich* devient « *el Yo* ».

Dans *La Question de l'analyse par les non-médecins*, Freud, qui défend l'utilisation qu'il fait des pronoms personnels pour nommer les différents aspects de la psyché, donne ses raisons pour avoir rejeté les substantifs du langage classique. Parlant à un interlocuteur imaginaire, il écrivait :

> « Vous avez probablement des objections devant notre choix de simples pronoms pour désigner nos deux institutions, ou provinces de l'âme. Nous aurions pu introduire des noms grecs et sonores. Dans la psychanalyse, cependant, nous aimons garder le contact avec le mode de pensée populaire, et nous préférons utiliser ses concepts dans la science, plutôt que de nous en écarter. Il n'y a pas de mérite spécial à cela. Nous devons procéder de cette façon, car notre enseignement doit être compréhensible pour nos patients qui, souvent très intelligents, manquent parfois d'instruction. L'impersonnel "Ça" est immédiatement mis en relation avec certaines expressions que les gens

normaux utilisent. On est susceptible de dire : "Ça m'a traversé comme un éclair ; il y avait quelque chose en moi qui, à ce moment, était plus fort que moi." "*C'était plus fort que moi*". »

Dans le paragraphe qui précède celui que l'on vient de mentionner, Freud expliquait qu'il a choisi de nommer l'un de ses concepts « le Moi » à cause de tout ce qu'implique l'usage de ce pronom. Il écrivait :

« Nous nous fondons sur ce que chacun sait bien, en reconnaissant dans l'homme une organisation de l'âme qui vient s'intercaler entre la stimulation des sens et la perception des besoins corporels d'une part, ses actes moteurs d'autre part, et qui sert d'intermédiaire entre eux dans un dessein bien précis. Nous appelons cette organisation son "Moi". Or, il n'y a rien là de neuf ; chacun de nous fait la même hypothèse, sans avoir besoin d'être philosophe, et d'autres, bien qu'ils soient philosophes, en font autant. Mais nous ne croyons pas qu'avoir identifié cette partie du mécanisme de l'âme en épuise la description. Outre le "Moi", nous reconnaissons aussi une autre région de l'âme, plus étendue, plus considérable, et plus obscure que le "Moi", et c'est elle que nous appelon le "Ça". »

Nietzsche, qui employait de fait les mots « Je » et « Ça » de façon similaire, est peut-être un des philosophes auquel Freud fait ici allusion. Dans *Par-delà le bien et le mal*, Nietzsche écrit : « Une pensée surgit lorsque "Ça" veut et non lorsque "Je" le veux ; ainsi, c'est une falsification que de déclarer : "Le sujet 'Je' est la condition du prédicat 'pense'." Ça pense : mais il n'y a pas... de certitude immédiate que le "Ça" soit justement ce fameux vieux "Je". »

Tard dans la vie, Freud révisa ses idées sur la structure de la psyché humaine, dans la trente et unième de ses *Nouvelles Conférences sur la psychanalyse.* Dans sa conclusion, il a résumé le but de la psychanalyse en tant que théorie et thérapie dans l'énoncé suivant : « Là où ça était, Je dois advenir [1]. » Il ne voulait pas dire par là que le Moi devait éliminer le Ça dans notre psyché, ou prendre sa place, puisque en accord avec sa construction théorique, le Ça est la source de notre énergie vitale, sans laquelle la vie elle-même ne pourrait se prolonger. (« On ne peut réprimer le Ça au-delà de certaines limites, écrivait Freud dans *Malaise dans la civilisation.* Si on exige plus d'un homme, il se produira en lui une révolte, ou une névrose, ou bien on le rendra malheureux. ») L'affirmation de Freud, dans les *Nouvelles Conférences*, cherchait à montrer que, dans certains cas, et en tenant compte de certains moments de la vie où la domination du Ça avait été à peu près complète, le Moi devrait exercer son influence constructive et réprimer l'affleurement

1. « *Wo es war, soll Ich werden.* » L'auteur précise encore sa pensée au chapitre XV, et la formule devient « Là où ça était, le Moi doit advenir », *cf.* p. 199 (N. du T.).

indésirable du Ça. La tâche de la psychanalyse est bien de permettre au Moi de faire de multiples incursions dans le vaste royaume du Ça, et d'aider le Moi à prendre de l'ascendant, en particulier sur les aspects du Ça qui peuvent troubler la personnalité dans son bien-être. Freud tenait tant, lorsqu'il énonçait les buts de la psychanalyse, à être clair qu'il a ajouté un paragraphe final qui tient en une seule phrase : « C'est un exploit culturel semblable, en quelque sorte, à l'opération de drainage du Zuyderzee. » Cette comparaison est particulièrement juste. L'assèchement de la surface du Zuyderzee a entraîné la récupération, l'endiguement et le drainage d'une enclave très importante de la mer du Nord. La mer est un élément primordial dans le monde de la nature, comme le Ça dans le monde de la psyché. La mer n'est pas seulement l'élément dans lequel commença toute vie, mais elle est nécessaire à sa perpétuation. Lorsque le projet du Zuyderzee a été achevé, ce n'est qu'une minuscule partie de la vaste mer du Nord qui a été refoulée. Le projet est resté un exploit précaire car la terre asséchée doit être continuellement protégée contre de nouvelles inondations. L'assaut furieux des éléments, une vague énorme propulsée avec la marée pourraient défaire presque tout ce qui a été accompli. Le parallèle avec le Ça, dans ses rapports avec le Moi, et avec le travail de la psychanalyse est évident.

Le drainage du Zuyderzee a été un exploit technique, mais, afin que la métaphore soit appropriée à ce qu'il veut dire, Freud ajoute un important qualificatif. Il affirme que ce fut un exploit *culturel*. Il emploie le mot *Kulturarbeit*, qui signifie littéralement, « labeur pour acquérir la culture ». Dans la Standard Edition, cette expression a été traduite par *reclamation work* (« travail d'assèchement »). Aucun effort d'imagination ne peut faire voir dans « travail d'assèchement » une traduction correcte de *Kulturarbeit*. Si Freud n'avait pas souhaité évoquer le travail exécuté dans le Zuyderzee dans un sens métaphorique particulier, mais avait seulement voulu évoquer sa nature et son but, il aurait employé le mot *Urbarmachung*, qui est le terme correct en allemand pour le défrichement du sol en vue d'une mise en culture. Mais Freud ne s'intéressait pas à une comparaison entre la psychanalyse et le travail d'assèchement ; au contraire, il voulait qu'on compare la psychanalyse à une lutte corps à corps avec les éléments primordiaux, afin que de nouvelles zones soient dégagées en vue d'un *exploit culturel*. Dans sa métaphore, Freud voulait mettre l'accent sur le côté spirituel du travail de la psychanalyse, en l'opposant au travail physique ou matériel. La traduction anglaise livre un sens contraire à celui de la métaphore, et le but du travail psychanalytique paraît être de parvenir à des résultats pratiques. Quels que soient les bénéfices pratiques qu'on puisse retirer de la psychanalyse, ils ne sont qu'accessoires en face de l'accomplissement culturel qui est au fond de la pensée de Freud et qui revêt seul de l'importance à ses yeux.

Pour ceux qui sont familiers de la culture allemande, il est particulièrement poignant de voir Freud résumer l'essence de la psychanalyse dans une métaphore qui évoque la récupération du sol sur la mer par assèchement. Dans l'histoire de la culture allemande, c'est Goethe qui domine avec le chef-d'œuvre de Faust. Or, l'histoire de Faust raconte la bataille qui se livre pour son âme entre les forces de lumière et celles des ténèbres. Sa vie tout entière n'est qu'une lutte pour mieux comprendre et le monde et lui-même. Pour découvrir qui il est, Faust est prêt à tout risquer — sa vie et même son âme. Dans cette lutte, ce qu'il y a de meilleur en Faust est en conflit avec les forces puissantes de l'instinct (incarnées en Méphistophélès), qui le submergent quelquefois et aboutissent à la destruction de ce qu'il aime par-dessus tout (incarné dans Gretchen). C'est Gretchen qui représente le meilleur de Faust ; c'est par elle et par tout ce qu'elle représente que l'âme de Faust est sauvée. A la fin de sa vie, Faust considère la récupération d'une parcelle de terre sur la mer comme l'exploit qui viendra couronner ses efforts. Il croit avoir réussi, et, satisfait, il est prêt à laisser s'achever sa vie agitée. Dans son effort pour faire naître de nouvelles terres de culture, il trouve le salut. Nous savons que Goethe a joué un rôle dominant dans le développement intellectuel de Freud, et ce n'est donc pas pure spéculation d'affirmer que s'il a choisi la métaphore de la récupération de la terre sur la mer, c'est parce qu'il voulait inciter le lecteur à faire la relation entre le travail de la psychanalyse et *Faust*, le grand poème sur la récupération de l'âme. Pour nous faire comprendre toute la profondeur de leurs réflexions sur la destinée de l'homme, ni Goethe et son panthéisme, ni Freud et son athéisme n'ont pu se passer de l'image du salut de l'âme.

IX

De tous les ouvrages psychanalytiques de Freud, le plus important est *La Science des rêves.* Dans ce livre, où il a cherché à élucider ce qui se passe dans notre inconscient et dans nos rêves, il a montré que Shakespeare avait raison d'affirmer que « nous sommes faits de la même étoffe que les rêves ». Malheureusement, les fautes de traduction, à commencer par celle du titre de l'ouvrage sont gênantes pour bien comprendre l'importance de l'œuvre.

Traduire *Die Traumdeutung* par *The Interpretation of Dreams* n'est pas incorrect d'un point de vue littéral, mais le sens du titre allemand n'est pas rendu de façon très heureuse. Il y a deux noms dans le titre anglais auxquels correspondent deux noms allemands ; *Dream* et *Traum* sont bien équivalents. De même, *Interpretation* existe en allemand comme en anglais. Donc, si Freud avait voulu choisir ce dernier mot, dans son titre, il aurait pu le faire, ou bien il aurait choisi un mot allemand similaire, tel que *Erklärung* (« explication »). Au lieu de cela, il a préféré utiliser un mot dont la connotation est très différente, en anglais comme en allemand, de celle du mot *Interpretation.*

Le dictionnaire *Duden*, qui fait autorité, et qui est à l'allemand ce que l'*Oxford English Dictionary* (ou, plus simplement, O.E.D.) est à l'anglais, explique que *Deutung* signifie : « tentative de comprendre le sens plus profond ou la signification de quelque chose » (*Versuch den tieferen Sinn, die Bedeutung von etwas zu erfassen*). C'est donc cela que Freud voulait faire passer dans son titre : que ce qu'il nous présentait était une *tentative* pour *saisir* un sens *plus profond.* La première phrase, dans son introduction au livre, insiste sur cette idée ; cela commence ainsi : « Dans une tentative de présentation du sens des rêves... » (ou, puisque le mot allemand dont il se sert est à nouveau *Traumdeutung*, on pourrait remplacer « sens » par « sens plus profond »). *Deutung* dérive des verbes *deuten* et *bedeuten*, et les connotations de ces verbes se retrouvent dans le nom. Le *Duden* définit *deuten* comme « montrer quelque chose du doigt », et l'on y trouve, parmi les définitions de *bedeuten* : « ce qui est le sens, ce que cela veut dire, ce qui est derrière, ce qui est au fond de » (*Welchen Sinn hat das, was meint es, was steckt dahinter*).

Ce que Freud avait l'intention d'indiquer par son titre *Die Traumdeutung*, c'est qu'il allait essayer de mettre en évidence les nombreuses facettes des rêves, et d'en dégager le sens en montrant ce qu'il y a derrière. Il n'a pas promis qu'il serait capable de « rendre clair et explicite » (définition d'« interpréter » dans l'O.E.D.) le sens des rêves : c'est impossible. Chaque rêve est fait de beaucoup d'éléments. Il y a d'abord le rêve manifeste, le rêve tel qu'on se le rappelle. Derrière on trouve le contenu latent du rêve, et le contenu manifeste n'est qu'un débris plus ou moins déformé du précédent. Le rêve peut trouver, en partie, son origine dans le reste d'un événement diurne, d'une expérience récente. Et il y a les désirs qui trouvent leur expression dans le rêve, et bien d'autres éléments inconscients encore. Freud, en fait, a essayé de montrer ce qui se cache derrière le rêve tel qu'on se le rappelle au réveil. Cette recherche de ce qui se trouve dans le fond du rêve (*was steckt dahinter*) est impliqué dans le mot *Deutung*.

On peut mieux suggérer la différence entre le mot anglais *interpretation* et le mot allemand *Deutung* en citant un autre mot composé allemand : *Sterndeutung* (« astrologie »). Les deux expressions *Sterndeutung* et *Traumdeutung* renvoient aux efforts très anciens pour trouver le sens des choses : dans le premier cas, le mouvement des étoiles, et dans le second, les rêves. On peut établir un parallèle entre ces anciens efforts de découverte d'une signification et les efforts entièrement nouveaux de Freud. Les astrologues veulent prédire le futur à partir d'événements lointains du passé, puisque les mouvements des étoiles et des constellations sur lesquels ils se fondent pour faire leurs prédictions ont eu lieu il y a des années-lumière. Les devins, et ceux qui interprètent les rêves, s'appuient aussi sur ce que l'on suppose être la sagesse antique, telle qu'elle nous a été par exemple transmise par les Egyptiens (qui ont été choisis probablement à cause des prédictions de Joseph qui se fondaient sur les rêves du pharaon). Freud partageait avec ces praticiens une conviction qui le guidait dans ses découvertes de pionnier : les rêves ont une signification importante, et il nous est possible de la découvrir. Il était d'accord pour dire que, dans une large mesure, il faut comprendre les rêves comme la conséquence d'événements passés — non pas d'événements qui se seraient passés dans les cieux, cependant, mais de ceux de la vie humaine et individuelle. D'une certaine façon, il a retourné les croyances des astrologues ou des interprètes des rêves, sens dessus dessous : il a montré que l'interprétation des rêves ne nous permet pas de prédire l'avenir, mais bien de découvrir les événements d'un passé qui seraient autrement restés inconnus.

En donnant à son livre un titre dont il savait qu'il provoquerait le rapprochement avec toutes les tentatives anciennes, mais toujours populaires, faisant appel à la superstition et au fantastique pour découvrir le sens de phénomènes incompréhensibles, Freud montrait bien qu'il ne reculait pas devant l'effort pour donner un sens à ce qui n'était, dans la conviction des gens sérieux et d'esprit scientifique, que pur non-sens. Son titre suggère aussi que, lorsqu'on analyse des rêves, on ne peut rien espérer qui approche de la certitude définitive que l'on exige des sciences naturelles. Dans son article intitulé « Une difficulté de la psychanalyse [1] » (1917), Freud compare sa découverte de la psychanalyse à l'œuvre de Copernic, qui était au départ astrologue et qui fonda l'astronomie moderne — discipline qui bouleversa notre conception de l'univers et nous apporta une certaine connaissance de ce qui se passe à l'extérieur, dans l'espace infini (ou peut-être fini, mais néanmoins vaste au-delà de toute imagination) dans lequel toute vie se déploie. Freud croyait que l'étude et la compréhension de nos rêves nous ouvriraient un accès à l'espace intérieur de l'âme, espace prodigieux et que l'on n'avait pas jusqu'alors exploré.

La devise latine, mise en exergue du texte, nous avertit en outre que le livre s'intéresse à un monde trouble, où nul ne peut espérer que règne un jour la clarté d'une « interprétation ». La devise — que Freud a placée après bien des hésitations et après mûre réflexion sur la pertinence d'autres citations —

1. Sans réellement traduire incorrectement le titre de cet article, le traducteur y a ajouté trois mots entièrement superflus. Freud a intitulé l'essai : *Eine Schwierigheit der Psychoanalyse*, ce qui signifie simplement « Une difficulté de la psychanalyse ». La difficulté qu'il discute, c'est le coup que la psychanalyse inflige à notre narcissisme, en montrant que notre Moi n'est pas le maître dans sa propre maison. Cette blessure à notre amour-propre, Freud la compare à celle que Copernic nous fit subir en nous montrant que la Terre n'est pas le centre de l'univers, et à celle que Darwin occasionna en nous forçant à reconnaître combien nous sommes apparentés aux autres animaux. Le titre de cet essai est devenu dans la Standard Edition « *A Difficulty in the Path of Psychoanalysis* » (« Une difficulté sur le sentier de la psychanalyse »), bien que nulle part dans l'article de Freud, il ne soit question d'un « sentier » de la psychanalyse qu'une difficulté quelconque obstruerait.

est une ligne tirée de l'*Enéide* de Virgile : *Flectere si nequeo Superos, Acheronta movebo.* Le sens de cette devise se perd pour quiconque n'est pas familiarisé avec le latin et la littérature latine. Même la traduction — « Si je ne peux pas bouger le Ciel, je remuerai les Enfers » — ne parvient pas à en donner le plein sens. Il faut connaître aussi le contexte dans lequel se place le vers. Dans le poème de Virgile, Junon prononce ces paroles dans le désespoir parce qu'elle a échoué dans ses efforts pour obtenir l'aide des dieux : elle doit donc s'adresser aux régions infernales. Lue dans ce contexte, la devise suggère que ce n'est que lorsque l'aide des puissances du jour (l'esprit conscient) est insuffisante ou hors d'atteinte que nous sommes en droit d'appeler à l'aide les puissances des ténèbres (l'inconscient) pour atteindre nos buts (en l'occurrence la compréhension des rêves). Cette devise convient particulièrement ici car on peut en faire une autre lecture : si le monde supérieur (notre esprit conscient) refuse de répondre à l'inconscient, alors le monde souterrain de l'inconscient viendra secouer ce monde supérieur. Ainsi, l'exergue, comme le mot *Deutung*, nous avertit que nous allons devoir pénétrer un monde de ténèbres et d'incertitude, un monde de chaos, qui défie toute traduction et toute interprétation précises.

En nous invitant à le suivre dans le chaos apparent du monde des ténèbres, de l'inconscient et de l'irrationnel, Freud avait l'intention de modifier l'idée que nous avions de l'homme ; mais cela ne pouvait avoir lieu que si nous changions aussi d'idée à propos de nous-mêmes, et si nous parvenions à intégrer la partie nocturne de notre esprit. Nous découvririons, en le faisant, que l'on peut aussi comprendre cette partie de nous-mêmes, qu'elle prend tout son sens et nous en apprend beaucoup sur nous. Freud a essayé de rectifier et d'élargir les idées que nous formons sur les rêves, et de nous instruire sur leur signification, dans l'espoir qu'une certaine familiarité avec ces aspects cachés de l'âme nous permettrait une intelligence plus profonde et plus complète de nous-mêmes.

Il serait difficile de trouver, en anglais, un titre aussi court, concis et évocateur que *Die Traumdeutung*, un titre qui indiquerait tout ce qui a été développé, au premier coup d'œil, à un lecteur occasionnel. Mais le mot *Interpretation*, en promettant implicitement une explication des rêves nette et précise, est trompeur. Il promet trop, et les choses paraissent beaucoup moins ambiguës qu'elles ne sont en réalité. Des titres tels que *A Search for the Meaning of Dreams* [1] ou *An Inquiry into the Meaning of Dreams* [2], bien que maladroits, auraient été plus en accord avec ce que Freud voulait faire comprendre. Peu après la parution de son livre sur les rêves, Freud eut un fantasme qu'il a rapporté dans une lettre à son ami Fliess. Suivant ce fantasme, une plaque en marbre marquerait un jour la place où il comprit pour la première fois la signification des

1. « Recherche sur le sens des rêves ».
2. « Investigation sur le sens des rêves ».

rêves ; elle porterait l'inscription : « Ici fut révélé le secret des rêves au Dr Sigmund Freud, le 24 juillet 1895. » Ainsi, Freud aurait pu appeler son livre « Le Secret des rêves ». Mais il ne l'a pas fait. Il a choisi à la place un titre qui devait suggérer un commencement, et qui devait donner l'impression que son livre traitait de l'ancienne pseudo-science de l'interprétation des rêves, et même évoquer cette autre pseudo-science ancienne, l'astrologie. Le titre anglais donne l'impression que Freud a présenté un travail définitif au sujet des rêves ; en supprimant toute association avec l'astrologie, aucun parallèle n'est désormais possible entre la découverte de la vraie nature de l'univers et celle du monde intérieur et vrai de l'âme.

X

La traduction des textes freudiens a donné naissance à de nombreux contresens, mais le plus grave a été d'éliminer toute référence à l'âme (*die Seele*) car cela nous empêche de bien comprendre que Freud avait une vision d'humaniste. Freud évoque très fréquemment l'image de l'âme, en particulier dans certains passages cruciaux où il s'efforce d'exposer les grandes lignes de son système. Par exemple, dans *La Science des rêves*, il discute de l'origine des rêves et affirme que « le rêve est le résultat de l'activité de notre âme » (*dass der Traum ein Ergebnis unserer eigenen Seelentätigkeit ist*). Dans *La Question de l'analyse par les non-médecins*, il cherche à concevoir le travail de la psyché, en distinguant le conscient et l'inconscient, les fonctions du Ça, du Moi et du Surmoi : il utilise alors le terme d'*âme* pour décrire le concept qu'il considère comme la clef de voûte de l'ensemble. Il paraît naturel à Freud de parler de l'âme humaine. En évoquant l'image de l'âme, et toutes les associations qui en découlent, Freud met l'accent sur le fonds d'humanité que nous avons en commun. Malheureusement, même dans ces passages décisifs, les traductions nous font croire qu'il est en train de parler de notre esprit, ou de notre intellect. C'est d'autant plus trompeur que nous considérons souvent que la vie intellectuelle doit être séparée (lorsqu'elle ne s'y oppose pas) de la vie affective, de la vie des fantasmes et des rêves. Le but de la psychanalyse, naturellement, est d'intégrer la vie affective à la vie intellectuelle.

En maints endroits, Freud a parlé de « la structure de l'âme » et de « l'organisation de l'âme » (*die Struktur des seelischen Apparats* et *die seelische Organisation*). On traduit presque toujours ces expressions par « l'appareil mental » ou « l'organisation mentale [1] ». De telles substitutions nous égarent, d'autant qu'en allemand les mots *Seele* et *seelische* sont employés dans un sens encore plus spirituel que le mot *soul* dans l'usage actuel de l'américain. Le mot *mental* que les traducteurs ont substitué à *of the soul* (« de l'âme ») a son équivalent exact en allemand, à savoir *geistig*, qui signifie « de l'esprit » ou « de l'intellect ». Si Freud avait voulu dire *geistig*, il aurait écrit *geistig*.

Je vais donner quelques exemples, parmi beaucoup d'autres. Dans les *Nouvelles Conférences sur la psychanalyse*, au chapitre intitulé « L'analyse de

1. En français, « l'appareil psychique » (N. du T.).

la personnalité psychique », Freud, parlant du Moi, du Ça et du Surmoi, les décrit comme « les trois provinces de l'appareil de l'âme » (*die drei Provinzen des seelischen Apparats*). Dans la Standard Edition, on a traduit la phrase par « les trois provinces de l'appareil mental [1] ». Plus loin, dans le même chapitre, Freud fait une remarque sur *die Strukturverhältnisse der seelischen Persönlichkeit.* Il faut admettre que la phrase est difficile à traduire. Une interprétation littérale exigerait qu'on fasse référence à la « personnalité de l'âme ». La meilleure façon, probablement, de faire passer ce que Freud a voulu dire serait quelque chose comme « les relations structurales du tréfonds de la personnalité, ou âme [2]. La Standard Edition nous donne : « les relations structurales de la personnalité mentale [3] ». Dans le premier chapitre des *Nouvelles Conférences*, Freud écrit, au sujet du conflit dominant les processus qui se produisent dans l'âme : « Vous savez... que le conflit entre deux instances psychiques, que nous désignons — inexactement — comme le refoulé inconscient et le conscient, domine complètement la vie de l'âme » (*Sie wissen... dass der Konflikt zweier psychischer Instanzen, die wir — ungenau — als das unbewusst Verdrängte und das Bewusste bezeichnen, überhaupt unser Seelenleben beherrscht*). Dans la Standard Edition, « domine la vie de l'âme » devient « domine toute notre vie men-

1. « *The three provinces of the mental apparatus* ».
2. « *The structural relations of the innermost personality, or soul* ».
3. « *The structural relations of the mental personality* ».

tale [1] ». Freud conclut sa préface pour les *Nouvelles Conférences* par une remarque sur « quiconque aime la science de la vie de l'âme » (*wer die Wissenschaft vom Seelenleben liebt*). Il fait clairement référence à la psychanalyse, à lui-même et à l'auditeur imaginaire auquel il pense quand il prépare cette série de conférences, qu'il n'avait pas l'intention de prononcer en public. On peut aisément traduire ce passage par « quiconque aime la psychanalyse », ou « quiconque aime la psychologie ». A la place, on a traduit par « quiconque s'intéresse à la science de la vie mentale [2] ».

Presque invariablement, la Standard Edition (comme les traductions anglaises antérieures), soit omet toute référence de Freud à l'âme, soit traduit comme s'il ne parlait que de l'esprit humain. Dans la conférence intitulée « L'inquiétant » (1919), la phrase de Freud *im seelischen Unbewussten* (« dans l'inconscient de l'âme ») a été traduite par « dans l'esprit inconscient [3] ». Dans la même phrase, *gewisse Seiten des Seelenlebens* (« certains aspects de la vie de l'âme ») est devenu « certains aspects de l'esprit [4] ».

Freud n'a jamais faibli dans ses convictions, suivant lesquelles il est important d'utiliser le terme d'*âme* quand on essaie de comprendre son système, parce qu'il n'y a pas d'autre concept qui pourrait

1. « *Dominates our whole mental life* ».
2. « *Whoever cares for the science of mental life* ».
3. « *In the unconscious mind* ».
4. « *Certains aspects of the mind* ».

rendre de façon aussi claire ce qu'il veut dire. Et il n'y a pas non plus le moindre doute que c'est de l'âme qu'il veut parler, et non de l'esprit, quand il écrit *seelisch*. Dès 1905, dans le passage d'introduction d'un article intitulé « Traitement psychique (Traitement de l'âme) », il écrit :

> « "*Psyché* " est un mot grec et sa traduction allemande est "âme". Donc traitement psychique veut dire "traitement de l'âme". On pourrait ainsi penser que ce que l'on veut dire, c'est : traitement des phénomènes morbides dans la vie de l'âme. Mais ce n'est pas la signification de ce terme. Par traitement psychique, on veut signifier, plutôt, traitement prenant sa source dans l'âme, traitement — de désordres psychiques ou corporels — à l'aide de moyens qui exercent une influence avant tout et immédiatement sur l'âme de l'homme. »
> (« *Psyche ist ein griechisches Wort und lautet in deutscher Ubersetzung Seele. Psychische Behandlung heisst demnach Seelenbehandlung. Man könnte also meinen, dass darunter verstanden wird : Behandlung der krankhaften Erscheinungen des Seelen lebens. Diest ist aber nicht die Bedeutung dieses Wortes. Psychische Behandlung will vielmehr besagen : Behandlung von der Seele aus, Behandlung — seelischer oder körperlicher Störungen — mit Mitteln, welche zunächst und unmittelbar auf das Seelische des Menschen einwirken. »)*

Dans la Standard Edition, le titre de la conférence est devenu : « Traitement psychique (ou mental) », et l'on a traduit ainsi le passage :

> « "*Psyché*" est un mot grec que l'on peut traduire par "esprit". Ainsi "traitement psychique" veut dire "traitement mental". On pourrait ainsi supposer que le terme signifie "traitement des phénomènes pathologiques de la vie mentale". Cependant ce n'est pas ce qu'il veut dire. "Traitement psychique" dénote plutôt un traitement qui prend son amorce dans l'esprit, traitement (de désordres soit mentaux, soit physiques) à l'aide de mesures qui opèrent d'abord et immédiatement sur l'esprit humain. »

En note, les traducteurs reconnaissent que *Seele* est « un mot qui est en fait plus proche du grec "*psyche*" que ne l'est le mot anglais "*mind*" ». En oubliant de mentionner que le mot anglais pour *Seele* est *soul* et non pas *mind*, la note ne fait que déformer davantage le point sur lequel Freud met l'accent.

Dans *Un abrégé de psychanalyse*, écrit en 1938 et publié à titre posthume en 1940, Freud a insisté sur le fait qu'il a consacré l'œuvre de sa vie à la compréhension aussi complète que possible du monde de l'âme humaine. Il a déclaré, à maintes reprises, que le Moi n'est qu'un aspect de notre psyché, ou de notre âme, et il l'a séparé des deux autres, le Ça et le

Surmoi. Peut-être, à ce moment-là, lui semblait-il particulièrement important qu'il soit bien établi que lorsqu'il était en train de parler de ce qui appartient au Moi, il s'agissait de notre vie mentale consciente, et que lorsqu'il se référait à l'ensemble des trois instances, à l'esprit dans sa totalité, à notre vie consciente et inconsciente, il parlait de notre âme. « La psychanalyse, écrivait-il, part d'une hypothèse dont la discussion relève de la réflexion philosophique, mais qui se justifie par les résultats. Nous connaissons deux genres de choses que nous appelons la psyché (la vie de l'âme) » (*Von dem, was wir unsere Psyche (Seelenleben) nennen, ist uns zweierlei bekannt*). Dans ce passage, nous comprenons bien que pour Freud, la psyché ou la vie de l'âme, c'est la même chose. Comme d'habitude, la Standard Edition traduit la référence à l'âme, comme s'il s'agissait de l'esprit : « Nous connaissons deux genres de choses dont nous parlons comme de notre psyché (ou vie mentale). »

Dans une version antérieure de l'*Abrégé de psychanalyse*, sous le titre *Quelques Leçons Elémentaires de Psychanalyse*, Freud écrit : « La psychanalyse est la partie de la psychologie qui traite de la science de l'âme » (*Die psychoanalyse ist ein Stück der Seelenkunde der Psychologie*). Pour Freud, la psychologie est une vaste discipline, dont fait partie la science de l'âme, qui inclut à son tour la psychanalyse. Il est difficile d'imaginer une formulation qui affirmerait avec plus de vigueur que la psychanalyse s'occupe essentiellement de l'âme de l'homme. Dans la Standard Edition, la phrase se lit ainsi : « La psychanalyse fait partie de la science mentale de la psychologie. »

Il n'y avait vraiment aucune raison — à part le désir de prendre la psychanalyse pour une spécialité de la médecine — de trahir ainsi le sens que Freud donne à l'âme. Cela ne peut s'expliquer par une erreur des traducteurs anglais. Les trois premières définitions du mot « *soul* » qui sont données dans le *Shorter Oxford English Dictionary* expriment très bien ce que Freud voulait dire. La première définition, « le principe de vie dans l'homme », est donnée comme vieillie, et il n'en est fait mention que par souci d'être complet. Les deuxième et troisième définitions, « la part spirituelle de l'homme par opposition à la part purement physique » et « la part émotionnelle de la nature humaine », sont plus pertinentes. Il est vrai qu'en Amérique on n'utilise guère le mot « *soul* » que dans un contexte religieux. Ce n'était pas le cas à Vienne, du temps de Freud, et ce n'est pas le cas encore aujourd'hui, dans les pays de langue allemande. En allemand, le mot *Seele* continue de désigner, avec son sens plein, l'essence de l'homme, c'est-à-dire ce que l'homme a de plus précieux, la spiritualité. Il fallait donc conserver le même sens, quand on a traduit *Seele*.

Ce que Freud considérait comme constitutif de l'essence de l'homme, ou comme en faisant partie, c'est-à-dire son âme, les traducteurs l'ont relégué entièrement dans le Moi, la partie pensante et raisonnante. Ils n'ont pas tenu compte du Ça non pensant, du monde irrationnel de l'inconscient et des émotions. Freud emploie *Seele* et *seelisch* plutôt que *geistig*, parce que *geistig* s'applique surtout aux aspects rationnels de l'esprit et à ce dont nous sommes conscients. L'idée de l'âme, au contraire, inclut en définitive toute une part dont nous n'avons pas conscience. Freud voulait faire comprendre que la psychanalyse ne s'occupe pas seulement du corps et de l'intellect de l'homme, comme le faisaient ses collègues américains, mais surtout de son âme, de ce monde obscur de l'inconscient si important, ou, pour parler plus classiquement, de cet enfer inconnu dans lequel, si l'on veut bien croire les mythes anciens, réside l'âme humaine.

Nulle part dans ses écrits, Freud ne donne de définition précise du mot *âme*. Je le soupçonne d'avoir choisi ce terme *pour* son manque d'exactitude et ses résonances affectives. Son ambiguïté témoigne de celle de la psyché elle-même, reflet simultané de niveaux de conscience nombreux, différents et contradictoires. S'attaquer à la définition technique d'un tel terme — définition qui aurait été sans doute bien accueillie par les traducteurs anglais de Freud — l'aurait privé de sa valeur comme expression de la pensée de Freud. Je dois souligner cependant que, lorsque Freud parle de l'âme, il n'est pas en train de parler d'un phénomène religieux, mais d'un concept psychologique ; pour lui, c'est une métaphore. L'athéisme de Freud est bien connu, il s'est donné assez de mal pour l'affirmer. Il n'y a rien de surnaturel dans l'idée qu'il se fait de l'âme, rien de commun avec la notion d'immortalité : si quelque chose subsiste après nous, c'est le souvenir que nous laissons aux autres — et ce que nous créons. L'« âme », ou la « psyché », est pour Freud le bien le plus précieux de l'homme, de son vivant. Freud était un homme passionné, et pour lui, l'âme est le siège à la fois de l'intelligence et des passions, bien que nous soyons, dans une large mesure, inconscients de l'âme. Dans bien des cas, elle se présente voilée, difficilement accessible, même à une investigation attentive. Elle est impalpable, mais son influence puissante s'exerce néanmoins sur notre vie. Elle nous rend humains. En réalité, elle est l'essence même de notre humanité, si bien que Freud n'aurait pu choisir un meilleur terme pour nous livrer sa pensée.

XI

D'autres avant moi ont critiqué les traductions des écrits de Freud en anglais, mais de telles critiques sont restées rares et n'ont porté, dans la majorité des cas, que sur quelques courtes phrases, comme si c'était là un sujet de discussion à éviter. Edoardo Weiss, dans son livre *Principles of Psychodynamics* (1950), faisait cette remarque : « Le corps aussi bien que l'esprit de l'individu, le "Moi" en fait l'expérience, mais il faut ajouter que ni l'un ni l'autre n'est perçu par l'"ego" ! » Max Schur a relevé d'autres inexactitudes, dont certaines que j'ai citées ici, dans son ouvrage *Freud : Living and Dying* (1972). Lewis J. Brandt a consacré au sujet un article entier (bien que très court), *Some Notes on English Freudian Terminology* [1]. De même que H. Frank Brull, dans *A Reconsideration of Some Translations of Sig-*

1. *Journal of the American Psychoanalytic Association*, 1961.

mund Freud [1]. Brull est, à ma connaissance, la seule personne qui ait reproché aux traducteurs d'avoir supprimé toutes les références de Freud à l'âme humaine. Ernest Jones, associé et biographe de Freud, a déclaré que certaines traductions « non seulement étaient sérieusement inexactes », mais « indignes du style de Freud, et donnaient une impression fausse de sa personnalité [2] ». Jones rapporte qu'ayant fait la remarque à Freud que c'était une « pitié » que son œuvre ne soit pas offerte au monde anglophone sous « une forme plus appropriée », Freud répliqua : « Je préfère un bon ami à un bon traducteur. »

Peut-être faut-il expliquer le manque d'intérêt de Freud pour ces erreurs de traduction en anglais par l'animosité qu'il éprouvait de façon générale à l'égard de tout ce qui était américain, et qu'entretenait certainement cette insistance à ne voir dans la psychanalyse qu'une branche de la médecine. Freud a exprimé de façon éclatante ses sentiments négatifs devant Ernest Jones : « L'Amérique est gigantesque, dit-il, mais c'est une gigantesque erreur. » Il est difficile de savoir avec certitude, en dehors de raisons personnelles qu'on ignore, pourquoi Freud parlait ainsi, mais il s'est laissé influencer par une idée des Américains, engagés dans la voie du matérialisme et des réalisations technologiques, rejetant les valeurs culturelles ou même spirituelles auxquelles il était lui-même si attaché.

1. *Psychotherapy : Theory, Research and Practice*, n° 12, 1975.
2. Dans son livre *Free Associations*, Basic Books, New York, 1959.

Dans le chapitre d'*Un abrégé de psychanalyse* intitulé « Qualités psychiques », Freud écrit : « Le point de départ de cette recherche procède d'un fait sans équivalent, qui défie toute explication ou description — le fait de la conscience. Néanmoins, si quelqu'un parle de conscience, nous savons immédiatement, et à partir de notre expérience la plus personnelle, ce qu'il entend par là. » A cette affirmation, il ajouta une note que n'exigeaient ni le texte ni le contexte : « Certains vont à l'extrême, comme dans la doctrine du behaviorisme qui a pris naissance en Amérique, et croient qu'il est possible de construire une psychologie qui ne tienne pas compte de ce fait fondamental ! » Freud était dégoûté par une civilisation qui pouvait nier catégoriquement le phénomène de la conscience. Il était consterné aussi de reconnaître la prédominance aux Etats-Unis d'un optimisme superficiel, qui était en contradiction absolue avec sa propre conception de la vie, tragique et essentiellement pessimiste. Mais si Freud avait formulé ce qu'il a le plus reproché aux Etats-Unis, il aurait pu dire : « L'Amérique manque d'âme. »

Freud a été bien près d'exprimer ces idées dans *Malaise dans la civilisation*. A un moment du livre, il a mis l'accent sur le fait que des conditions sont parfois réunies où l'on peut parler de « misère psychologique des masses » (*das psychologische Elend der Masse*), et il a ajouté : « La conjoncture actuelle en Amérique pourrait bien donner l'occasion d'étudier ce qui menace la culture, mais je résisterai à la tentation de me lancer dans une critique de la culture américaine. Je ne voudrais pas donner l'impression que je vais employer moi-même les méthodes américaines. » Freud a négligé de spécifier ce qu'étaient ces méthodes américaines qu'il critiquait au point de ne pas daigner les employer ; mais il est clair qu'il pensait que l'état de la culture américaine était la cause de cette détresse psychologique.

La version anglaise de ce passage offre un exemple parmi bien d'autres d'une mauvaise traduction qui enlève toute leur force aux dires de Freud. Le mot allemand *Elend* signifie « misère » ou « extrême pauvreté ». Or, dans la Standard Edition, la phrase de Freud est devenue : « la pauvreté psychologique des groupes ». (Notons la mauvaise traduction de *Masse* par le mot « groupe », qui se retrouve aussi ailleurs. On en discutera plus loin.) En allemand, pour dire « pauvreté », il existe le mot *Armut*, qui n'est pas le mot *Elend*. Bien que l'extrême pauvreté soit une cause de la misère, les deux termes ne sont pas identiques. La seule interprétation que permet la traduction anglaise, c'est que Freud aurait songé à une forme de déplétion psychologique, alors que, en réalité, il voulait parler d'un état d'extrême détresse. On a donc remplacé un mot qui aurait provoqué une forte émotion, tel que « misère » ou « détresse », par un mot différent, de sorte que le lecteur ait toutes les chances de penser qu'on évoque seulement un fait objectif. Cette tendance à utiliser la litote (*understatement*) ne se trouve pas seulement dans la traduction des travaux psychologiques de Freud, mais elle vient défigurer aussi sa correspondance et l'image même de l'auteur, en tant que personne, telle qu'elle se dégage de cette lecture. Par exemple, dans une lettre adressée à Wilhelm Fliess, Freud explique qu'avec un compagnon de jeu de son enfance, il s'était comporté cruellement envers sa petite nièce. Le mot *grausam* (« cruellement ») est traduit par « odieusement » (« *shockingly* »). On peut en effet trouver odieux de traiter cruellement une petite fille, mais le fait de traduire *grausam* par « *shockingly* » fait qu'une affirmation qui révèle la passion derrière le comportement est remplacée par un jugement moral sur ce comportement. Le mot original nous faisait comprendre l'émotion ressentie, la traduction ne le fait pas. On trouve un autre exemple de ce penchant pour la litote, qui dénature les textes de Freud jusqu'à les rendre méconnaissables, et supprime tout l'impact émotionnel de ses affirmations, dans un passage où Freud parle de *Unheil*, qui veut dire « désastre ». Dans la traduction, le désastre n'est plus qu'un *trouble*.

XII

De tous les livres de Freud, aucun n'a connu un succès aussi immédiat que *Psychopathologie de la vie quotidienne* (1901), et cette popularité ne s'est jamais démentie. Dans ce livre, il examine les raisons qui nous conduisent à faire des fautes en parlant, en écrivant, en nous souvenant, en manipulant des objets et ainsi de suite. Les exemples qu'il nous livre sont difficiles à traduire, de même que les raisons subconscientes qui peuvent expliquer de telles fautes ; ces explications font appel en particulier à des jeux de mots qui se prêtent mal à la traduction. C'est pourquoi on ne peut blâmer les traducteurs pour n'avoir pas rendu justice à Freud de la subtilité de ses analyses. Néanmoins, on serait en droit d'attendre d'eux qu'ils apportent tout leur soin à éviter les fautes dans la mesure du possible. On penserait que le sujet même du livre aurait dû les alerter sur leur propension à mal traduire du fait de motivations subconscientes.

Le titre du livre a été correctement rendu en anglais [1] à l'exception du premier mot. Si le titre anglais était correct, on aurait eu pour l'original *Die Psychopathologie des Alltagslebens* — titre allemand excellent, concis, direct, idiomatique et mordant. Mais ce n'est pas comme cela que Freud a intitulé le livre. Son titre est le suivant : *Zur Psychopathologie des Alltagslebens.* Le mot allemand *zur* est une contraction d'usage fréquent pour *zu der* [2]. Dans le contexte, *zur* correspond à une expression elliptique d'une phrase comme « une contribution au... » ou « réflexion sur le... ». La meilleure traduction en anglais est « *on the* ». Donc, une traduction correcte du titre serait *On the Psychopathology of Everyday Life* [3] — titre anglais parfaitement acceptable. Peut-être les traducteurs ont-ils souhaité garder le titre aussi simple, direct et court que possible, bien que *the* soit à peine plus court que « *on the* ». Mais même si c'était là leur raison, elle ne pouvait servir à expliquer le même type d'erreur de traduction dans le sous-titre, *Über Vergessen, Versprechen, Vergreifen, Aberglaube und Irrtum.* Les traducteurs n'ont pas changé le premier mot du sous-titre. Ils l'ont tout simplement laissé tomber. Leur sous-titre est le suivant : *Forgetting, Slips of*

1. *The psychopathology of Everyday Life.*

2. De même que « au » en français, contradiction de « *à le* » (N. du T.).

3. En français, la traduction correspondante serait : « *De la* psychopathologie de la vie quotidienne ». A noter que les deux premiers mots ont disparu dans le titre en français, traduit par S. Jankélévitch, P.B.P. (N. du T.).

the Tongue, Bungled Actions, Superstitions and Errors[1]. Freud aurait pu employer le mot *über* (« à propos de ») à la place de *zur* (« sur », « de ») comme dans le titre principal. En choisissant d'utiliser deux termes différents, il a voulu apparemment s'assurer doublement que le lecteur reconnaîtrait qu'il s'agissait d'un livre *à propos* de tous ces thèmes, et en aucune façon d'un traité apodictique sur le sujet.

Dans la façon de forger le titre et le sous-titre en anglais, il y a une prétention à la certitude là où Freud, lui, a préféré exprimer une certaine hésitation. C'est cette hésitation qui permet de suivre plus facilement l'exposé de son livre ; c'est elle qui place le lecteur au plus près de sa tentative, afin qu'il sente bien, au cours de sa lecture, qu'il s'agit d'un effort pour affronter résolument des problèmes difficiles. Si le lecteur a des doutes, on ne lui demande pas de les laisser de côté immédiatement, et il accepte ainsi plus facilement que la lecture fasse appel à ses sentiments. Le titre et le sous-titre anglais, mal choisis, ne réussissent pas à tisser un tel lien entre les sentiments de l'auteur et ceux du lecteur. Freud apparaît, dans sa démarche, beaucoup plus précis et péremptoire qu'il ne le voulait. Ce que Freud voulait faire comprendre avec « de » et « à propos de », c'est ce qu'il a exposé souvent et de façon beaucoup plus explicite dans d'autres contextes. Par exemple, il fit une fois

1. « Oublis, lapsus, actes manqués, superstitions et méprises ». A noter que le sous-titre a disparu dans la traduction française citée (N. du T.).

la remarque, au cours d'une conversation, suivant laquelle « c'est une supposition inexacte de penser que la validité des découvertes et des théories psychanalytiques est établie une fois pour toutes, alors qu'en fait elles sont en perpétuel recommencement, et qu'un grand nombre de développements, de vérifications et de confirmations renouvelées sont nécessaires [1] ». Tout particulièrement dans un livre consacré aux erreurs que nous faisons, non pas à cause d'un manque de connaissances ou de savoir-faire, mais par suite de l'interférence de processus inconscients, il y a place pour l'hésitation et l'incertitude. Comme Freud l'a compris, il est impossible de connaître tout ce qui concourt à produire l'erreur, parce que l'inconscient est trop divers et composé de couches trop nombreuses, parce qu'il est trop chaotique, ambigu et mal défini. Dans son sous-titre, Freud a mentionné cinq groupes distincts, ou exemples d'erreurs que nous sommes susceptibles de faire, lorsque notre inconscient nous joue des tours. Les traductions de trois d'entre eux — *forgetting, superstitions* et *errors* — sont aussi proches de l'original qu'on pourrait le souhaiter. *Slips of the tongue* [2] est une traduction acceptable de *Versprechen*, mais cette expression fait naître le sentiment que c'est la langue elle-même qui est responsable de l'erreur. Il aurait été préférable de choisir le mot « *lapse* » (lapsus). Suivant l'O.E.D., un lapsus est

1. Martin W. Peck, « Une brève visite à Freud », *Psychoanalytic Quaterly*, t. IX, 1940.

2. Mot à mot : « dérapages de la langue » (N. du T.).

« une défaillance de mémoire, de langue, ou de plume ; une légère erreur ». Freud lui-même utilisait *lapsus*, qui est le mot latin d'où dérive *lapse*, dans un certain nombre d'exemples. Traduire *Versprechen* par *lapse* aurait eu un autre avantage : il aurait permis l'association avec l'autre sens du mot : « déchéance d'un niveau plus élevé » (dans notre cas, du niveau de la conscience). Ce qui suggère aussi que *a slip of the tongue* est loin d'être une traduction idéale, c'est la fréquence avec laquelle les gens utilisent l'expression *a Freudian slip* (« une défaillance freudienne »), plutôt que de dire *a slip of the tongue* ou *a Freudian slip of the tongue* [1] ».

Cela aurait été très bien si les traducteurs avaient essayé de suivre Freud lorsqu'il relie les principaux sujets de discussion du livre en utilisant des mots qui ont le même préfixe *ver-* (en anglais « *mis-* [2] ») : *Vergessen, Versprechen, Vergreifen.* Ce choix indique clairement que c'est la même chose qui se produit dans les trois cas, que quelque chose est allé de travers de la même façon ou par suite de causes parallèles. Il y a là trois exemples de processus inconscients qui viennent interférer avec ce que l'esprit conscient voulait exécuter.

Le verbe anglais qui est le plus proche de l'allemand *Vergreifen*, c'est probablement *to mishandle* [3], qui, comme en allemand, peut signifier aussi « maltraiter ». De plus l'allemand *Greifen*

1. Mot à mot : « un dérapage de langue freudien ».

2. Dans le sens de « mal- » en français (N. du T.).

3. « Manier sans précaution, mal-manier » (N. du T.).

comme l'anglais *to handle* veulent dire « saisir dans sa main », si bien qu'il est important que les deux mots avec leurs préfixes aient la même signification : quelque chose qui aurait dû être manié correctement a, au contraire, été manié avec maladresse. Dans les exemples que Freud nous donne de *Vergreifen*, il montre comment il a « mal-manié » des objets pour des raisons inconscientes. Par exemple, il nous raconte comment il a envoyé sa pantoufle avec son pied de telle façon qu'elle est venue briser une statue de Vénus en marbre, et il explique que son but inconscient était de faire le sacrifice d'un objet de valeur en l'honneur de la reconquête d'une personne qu'il aimait. Loin d'être *bungled* (« maladroite »), cette action prouve une grande dextérité. Mais c'est aussi maltraiter un objet, dans les deux sens du terme : « traiter mal quelque chose » (la pantoufle) et « maltraiter un objet » (la statue). Freud décrit, de façon similaire, comment, avec un mouvement de la main, il brisa une figurine d'argile égyptienne. Il dit que son espoir inconscient, c'était qu'en s'arrangeant pour faire une faible perte, il pourrait en éviter une grosse. Ainsi, à plusieurs niveaux, la traduction de *Vergreifen* par *bungled actions* est mauvaise. Elle est mauvaise parce que l'action qui a lieu n'est en aucune façon maladroite ; au contraire, elle est souvent très habile à donner une expression physique à des pensées, des besoins ou des désirs inconscients. La traduction est mauvaise également parce qu'elle donne l'impression qu'une action était projetée, mais que l'exécution en a été maladroite, alors que bien souvent il n'y avait aucune action délibérée. Non seulement la traduction ne réussit pas à donner le sens correct du mot qu'a employé Freud, mais elle interfère avec l'idée que ces actions, bien qu'involontaires, sont très adroites et atteignent leur but, et l'autre sens de « maltraiter » qui se trouve à la fois dans *Vergreifen* et *mishandling* est oblitéré.

Beaucoup plus important que la façon dont les termes utilisés pour désigner les divers types de *Fehlleistungen* ont été traduits, il y a celle dont ce dernier mot, qui est le concept central exposé dans le livre, est rendu en anglais. Freud a forgé *Fehlleistung* pour désigner un phénomène qui lui était apparu et que l'on retrouve chaque fois que, dans les faits du quotidien, l'inconscient s'arrange pour l'emporter sur l'intention consciente. Le terme est la combinaison de deux noms communs, qui sont étrangement opposés, et qui nous font immédiatement associer de manière significative. *Leistung* a, au départ, le sens d'« œuvre accomplie », de « réussite », de « performance », et il est qualifié par le *Fehl* pour indiquer que la réalisation en quelque sorte a échoué, a manqué le but, est erronée. Ce qui se passe dans le *Fehlleistung*, c'est simultanément — bien qu'à des niveaux de conscience différents — une réalisation véritable et une erreur énorme. Normalement, quand nous pensons à une erreur, nous sentons que quelque chose est allée de travers, et quand nous faisons allusion à un accomplissement, c'est pour l'approuver. Dans *Fehlleistung*, les deux réponses d'une certaine manière se fondent : à la fois nous approuvons et nous désapprouvons, nous admirons et nous méprisons. *Fehlleistung* est beaucoup plus qu'un concept abstrait. C'est un terme qui donne au lecteur allemand un sentiment intuitif immédiat d'admiration pour l'habileté et l'ingéniosité des processus inconscients, sans que le même lecteur perde de vue le fait que le résultat final de ces processus est une erreur. Par exemple, quand nous commettons une erreur en parlant, nous sentons fréquemment que ce que nous avons dit est exact, bien que nous sachions aussi que, d'une autre manière, c'est faux. Quand, disons, nous oublions un rendez-vous, nous savons que cet oubli était une erreur, mais nous sentons aussi que, pour une raison ou une autre, nous désirions probablement éviter de nous rendre à ce rendez-vous. La meilleure traduction de *Fehlleistung* serait peut-être *faulty achievement* [1]. Dans la Standard Edition, on a traduit *Fehlleistung* par « *parapraxis* [2] ».

le mot « *parapraxis* » apparaît pour la première fois, dans l'introduction de l'éditeur à *La Psychopathologie de la vie quotidienne.* Strachey écrit : « Nous trouvons la première mention, chez Freud, d'une parapraxis dans une lettre à Fliess », et il précise en note le sens de « *parapraxis* » comme suit : « En allemand, *Fehlleistung, Faulty function* [3]. Il est curieux de constater qu'avant que Freud n'écrive

1. « Réussite manquée ».

2. En français, la traduction adoptée est « acte manqué » (N. du T.).

3. « Fonction défectueuse ».

son livre il n'y ait pas trace d'un concept général en psychologie, et qu'on ait dû inventer en anglais un mot nouveau pour en parler. » Pourquoi un fait curieux ? Freud s'est senti fréquemment obligé de créer de nouveaux concepts pour faire comprendre ses idées. De plus, *Fehlleistung* était bien un mot nouveau, mais c'était la combinaison de deux mots allemands bien connus. Enfin, *parapraxis* n'est pas un mot anglais.

Pourquoi *parapraxis* ? Pourquoi une combinaison de mots grecs qui n'éveille aucune émotion chez le lecteur, sinon la contrariété de se trouver en face d'un mot fondamentalement incompréhensible. Il semble impossible de dire spontanément : « C'était une parapraxis. » L'Allemand instruit, même s'il ne comprend pas grand-chose à la psychanalyse, serait tout prêt à dire : « C'était une *Fehlleistung* », mais, dans toutes les années que j'ai passées aux Etats-Unis, je n'ai jamais entendu un psychanalyste américain employer le mot *parapraxis* dans une conversation courante. Je l'ai entendu employé seulement en tant que terme technique, et encore bien rarement — et toujours par quelqu'un qui faisait allusion à un patient, et non pas à lui-même. On ne l'emploie jamais lorsqu'on raconte une expérience personnelle ; pour toutes ces raisons, c'est un terme beaucoup trop aliénant.

Il est très dommage qu'un terme comme *parapraxis* ne permette pas d'apprécier ce que Freud a appelé *La Psychopathologie de la vie quotidienne*, car ce livre est, par bien des points, le plus accessible de ses ouvrages et la meilleure introduction à la psychanalyse. Freud lui-même le pensait. Il a consacré les quatre premiers chapitres de ses *Conférences sur la psychanalyse* à la discussion des *Fehlleistungen.* La notion de réussite manquée est importante pour comprendre ce dont, à la base, il s'agit dans la psychanalyse, car elle éclaire des types de comportement qui nous sont familiers de par notre expérience. Nous avons bien ainsi l'impression que la psychanalyse s'applique à nous-mêmes.

XIII

Parapraxis n'est certainement pas l'exemple unique de la façon dont le langage de Freud, choisi avec le plus grand soin, est devenu un charabia anglais. Ce à quoi les psychanalystes américains font allusion en parlant de « *cathexis* » est désigné en allemand par le verbe *besetzen* et le nom *Besetzung* [1]. Ces deux mots, au sens où Freud les employait, veulent simplement dire « occuper » et « occupation ». Freud a donné à ces termes un sens particulier à l'intérieur de son système, pour indiquer qu'une certaine quantité d'énergie psychique est en train d'être, ou a été, investie dans quelque chose — une idée, une personne, un objet — et qu'ensuite elle s'y est trouvée fixée. L'un des sens ordinaires de *Besetzung*, qui fait que le terme est bien approprié à ce que recherchait

1. Traduit en français par « investissement ».

Freud, est celui d'« occupation par l'armée » ; c'est-à-dire par une puissance ou une force importante.

Freud évitait les termes techniques ésotériques autant que possible, non seulement parce que leur emploi n'améliore par un style, mais aussi parce que la psychanalyse veut, par essence, faire connaître ce qui est inconnu, rendre accessibles et compréhensibles des idées communément ignorées. Chacun a l'impression qu'un mot étranger fait allusion à une question qui ne le concerne pas lui-même, qui sort du domaine de son expérience normale. En tombant sur le mot « *cathexis* », on a l'impression qu'il s'agit là d'un de ces mécanismes psychologiques étranges qui doit se produire chez les autres, mais on ne peut pas en être tout à fait sûr, parce que le mot ne permet pas de trouver en soi le sentiment qui devrait s'y rapporter. On pense avec raison que si le mot et ce qu'il signifie avaient un rapport avec soi-même, ou avec les choses qui arrivent dans la vie de tout le monde, il y aurait un vocable pour le dire dans le langage qu'on utilise normalement.

Dans la plupart des cas, il existait des mots tout prêts pour exprimer en anglais ce que Freud a dit en allemand, si ses traducteurs s'étaient seulement contentés de les employer. L'une des définitions que donnent à la fois le Webster's et l'O.E.D. du verbe anglais « *to invest* » est la suivante : « donner pouvoir, privilège, ou autorité », et c'est exactement là ce qui se passe lorsque l'énergie psychique se fixe sur quelque chose : ce quelque chose exerce alors un pouvoir (l'énergie qui s'y est investie) et une autorité sur le reste de notre fonctionnement psychique. L'expression anglaise « *to charge with energy* » ferait peut-être aussi bien l'affaire. Dans une note, Strachey écrit, dans la Standard Edition : « Le mot allemand (pour ''*cathexis*'') est d'usage courant, et, parmi d'autres acceptions, pourrait avoir un sens tel que ''occupation'' ou ''emplissage''. Freud, qui détestait les termes techniques inutiles, ne fut pas heureux lorsque, en 1922, l'éditeur en question, dans un souci supposé de clarification, introduisit le mot inventé ''*cathexis*'' (du grec ''*catechein*'', ''occuper'') comme traduction. »

Il faut admettre qu'il serait difficile de trouver un seul mot anglais pour exprimer ce que Freud avait dans l'idée avec le mot *Schaulust* — terme qui combine le mot allemand pour « volupté », ou « désir sexuel », avec celui qui désigne « l'action de regarder, de voir, de contempler » —, mais une expression telle que *the sexual pleasure in looking* [1] rendrait clair son sens ; ou, puisque le mot anglais *lust* est presque équivalent à l'allemand *Lust*, et présente en plus l'avantage de pouvoir être utilisé en tant que nom et que verbe, on pourrait le préférer à l'expression *sexual pleasure*. Dans les deux cas, le lecteur saurait immédiatement ce que cela veut dire. Et comme nous avons tous éprouvé, à de nombreuses occasions, un grand plaisir à observer une chose, à la dévorer des yeux, même si ce plaisir s'accompagnait parfois d'un sentiment de honte et même de frayeur,

1. « Le plaisir sexuel lié au regard ».

à regarder ce que nous désirions cependant voir, la compréhension directement intellectuelle mais aussi affective du concept freudien ne nous ferait donc pas de difficulté. En tout cas, la monstruosité que les traducteurs de Freud ont trouvé le moyen d'inventer et de laisser se perpétuer dans la Standard Edition — *scopophilia* — ne fait rien comprendre du tout.

Les traducteurs de Freud ne se sont pas toujours appuyés sur des mots grecs étranges pour rendre difficile la compréhension de ce qu'ils voulaient exprimer, ou pour faire croire que la psychanalyse s'occupe de phénomènes de comportement ésotériques, au lieu d'événements et de processus quotidiens et d'êtres humains ordinaires. Les traducteurs ont même réussi à employer des expressions anglaises du langage commun. Là où Freud a utilisé le mot *Abwehr*, on a traduit par « *defense* » en dépit du fait que « *defense* » a son équivalent exact en allemand, *Verteidigung*. Il y a de bonnes raisons pour que Freud ait choisi *Abwehr* plutôt que *Verteidigung*. Quand nous parlons de défense, ou que nous y pensons, c'est un ennemi extérieur qui nous vient immédiatement à l'esprit — quelqu'un ou quelque chose contre qui ou contre quoi nous devons nous défendre. Il ne nous apparaît pas au début que nous ayons à nous défendre contre nous-mêmes. « Défense » et « défenseur » sont des termes d'usage courant aú palais de justice, de même que les mots allemands *Verteidigung* et *Verteidiger* ; à cause de cela, nous avons le sentiment que c'est bien contre un ennemi extérieur que nous nous défendons, ou que nous sommes défendus par une tierce personne. *Abwehr* est un mot allemand courant que l'on traduit beaucoup mieux par *parrying* ou *warding off*[1]. » James Strachey a reconnu que « defense » était une traduction discutable. Dans les « Notes sur quelques termes techniques dont la traduction prête à commentaires » qu'il a ajoutées à sa préface générale pour la Standard Edition, il écrit : « J'ai accepté la traduction établie de "*defense*", bien qu'elle donne une impression plus passive que l'allemand. Le véritable sens correspondrait davantage à l'expression "*to fend off*[2]" ».

La première définition de « *defense* » dans le Webster's est la suivante : « l'acte ou le pouvoir de défendre », et il est dit au sujet de *defend* que le mot « ... implique un effort actif pour repousser une attaque effective ou une invasion ». *To fend off* est défini comme *to ward off, parry*, mais puisque, étymologiquement, le mot *fend* a la même racine que *defend* et *defense*, il ne semble pas qu'on ait gagné beaucoup à l'utiliser. Le verbe *parry*, par contraste, est un dérivé dont l'étymologie est toute différente et est défini comme « parer ou faire dévier, détourner comme par une réponse ou une remarque habile ou évasive ». Cela est beaucoup plus proche de la pensée de Freud, car le phénomène auquel il faisait allu-

1. « Action de parer, d'éviter ; parade ».
A noter que le mot *Abwehr* est généralement traduit en français par « défense », voir le *Vocabulaire de la psychanalyse*, de J. Laplanche et J.-B. Pontalis, P.U.F. (N. du T.).
2. « Parer » (un coup), « repousser » (un attaquant).

sion consiste en mesures psychologiques habiles que l'on prend pour parer ou faire dévier un contenu inconscient auquel nous désirons nous soustraire. Les définitions du Webster's pour *defense* et *defend* ne semblent pas indiquer que l'on puisse utiliser ces termes pour décrire des processus psychologiques internes. Il n'y a en fait pas de défense possible contre nous-mêmes, même s'il y a en chacun de nous des processus internes, des sentiments, des pensées inconscientes, etc., contre lesquels nous désirons ardemment nous protéger. La traduction de *Abwehr* par « *defense* » reflète un effort pour considérer comme externe, ou comme une réponse à des événements extérieurs, quelque chose qui est en vérité un processus interne. Ce qui est pis dans le fait d'utiliser le mot *defense*, c'est que cela autorise, et même encourage, l'impression que des processus internes, tels que les formations réactionnelles et les dénégations, nous sont étrangers — nous sont extérieurs. Alors que l'on pense ou que l'on souhaite peut-être qu'il en soit ainsi, la tâche de la psychanalyse est de montrer qu'il n'en est rien. La psychanalyse essaie de nous le faire voir : ce à quoi nous pensions comme quelque chose d'étranger et qu'il nous fallait dénier ou éviter fait réellement, et de façon significative, partie de nous-mêmes et il est de notre intérêt d'en reconnaître la nature et de l'intégrer dans notre personnalité.

Dans les notes de Strachey sur les traductions, dans la préface générale à la Standard Edition, il ne discute par le mot *Verdrängung*, terme que l'on traduit le plus souvent par « *repression* ». Freud a introduit ce concept dans sa conférence *Die Verdrängung* (1915), dans laquelle il a déclaré qu'« il s'agit par essence de l'action de repousser, de garder à distance du conscient » — énoncé qui suggère la façon dont on aurait dû traduire *Verdrängung.* La différence importante qui existe entre *Verdrängung* et *« repression »*, c'est que le mot allemand implique un désir intérieur ardent. *Verdrängung* dérive du mot *Drang* que l'on explique dans le Duden par l'exemple : « céder à de fortes raisons intérieures ». Une *Verdrängung*, c'est donc un déplacement, un délogement causé par un processus interne. Le mot allemand ne donne pas d'indication sur la direction dans laquelle l'action de déloger ou de repousser a lieu.

Ce sont là les raisons probables qui ont fait préférer à Freud le mot *Verdrängung* au mot allemand exactement équivalent à *« repression »*, soit *Unterdrückung* (littéralement, « action de presser dessous »), qui indique que quelque chose a été poussé sous quelque chose d'autre, et qui ne comporte pas de connotation relative à un processus interne. Les deux mots *repression* et *suppression* (que l'on utilise aussi quelquefois comme traduction de *Verdrängung*) indiquent une direction. En dehors de la littérature psychanalytique, on utilise les mots *repression* et *suppression* pour décrire ce que quelqu'un fait à quelqu'un d'autre ou à quelque chose, mais n'indique pas de processus personnel interne. Le Webster's offre les exemples de « réprimer un enfant » et « supprimer un livre ». Lorsque O.E.D. définit *repression* au moyen de l'exemple : « retenir quelqu'un de faire une action », ce dont il s'agit, c'est d'une autre personne et pas de soi-même. *Unterdrückung* a des sens et des connotations semblables en allemand. La traduction de *Verdrängung* par « *repression* » donne l'impression, contrairement aux intentions de Freud, que ce qui est en train de se passer d'une part est d'ordre plus physique, d'autre part est dirigé contre quelque chose d'extérieur à soi-même. Pour traduire correctement le nom *Verdrängung* et le verbe *Verdrängen*, il faudrait employer *repulsion* et *to repulse* [1] ».

Suivant l'O.E.D, le sens de *repulsion* est « l'action d'obliger à reculer, de repousser », et celui de *to repulse* est « repousser, obliger à reculer, éviter ; repousser avec dénégation ; rejeter, refuser, mettre dehors » — toutes actions et motivations qui sont bien implicites dans le mot choisi par Freud.

Là où Freud parle d'une chose qui vient spontanément à l'esprit, qui se présente comme par hasard, les traducteurs emploient le terme incorrect de « libre association ». Cette expression est mauvaise parce que les associations ne sont pas « libres », mais sont toujours conditionnées par quelque chose ou en relation avec quelque chose. L'adjectif est trompeur. C'est pourquoi l'utilisation du terme technique de « libre association » pour décrire une

1. En français, la traduction admise est « refoulement » et « refouler » (N. du T.).

procédure entraîne l'hypothèse à priori que deux événements, ou davantage, qui semblaient entièrement indépendants ont en fait entre eux des liens très étroits. La définition dans le Webster's du verbe *associate*, « joindre ensemble, relier », le précise amplement. En choisissant l'expression de « libre association », les traducteurs ont fait se fondre en un seul deux processus qui devraient être séparés : le fait de laisser venir à l'esprit une chose spontanément, et celui d'examiner le lien qui peut être établi entre cette chose et un stimulus qui précédait immédiatement son surgissement. Le résultat de cet examen se trouve prédit.

Le mot allemand qu'on a traduit par « libre association », c'est *Einfall*, dont le sens est : « idée qui se trouve venir soudainement à l'esprit de quelqu'un ». *Einfall* s'applique à quelque chose qui au départ est impersonnel et traduit le même sentiment que celui qui s'exprime lorsqu'on dit « ça me vient à l'esprit » — déclaration dans laquelle on relie « ça » avec le Ça de la personne, l'inconscient d'où l'idée émane soudain. L'association, en revanche, est un processus conscient dans lequel on s'engage délibérément. Lorsqu'on essaie consciemment d'« associer librement », ce qu'on dit ou ce qu'on fait présente en général un lien logique avec le stimulus. Par exemple, si on demande à une personne d'associer sur « froid » ce qui va lui venir probablement à l'esprit, c'est soit des termes opposés (« brûlant » ou « chaud »), soit des exemples typiques dans lesquels on emploie logiquement le mot

« froid » (« hiver » ou « glace » ou « gel »). Autrement dit, la réponse au stimulus sera conditionnée intellectuellement puisque la tâche d'associer sera reçue comme une demande faite à l'intelligence de la personne. Mais une invitation à dire tout ce qui vous passe par la tête suggère par son énonciation que le lien entre le stimulus et l'association ne devrait pas être logique mais dû au hasard. C'est une caractéristique du travail, souvent très difficile, de la psychanalyse d'essayer de découvrir les relations cachées qui lient une réponse d'apparence impropre (c'est-à-dire non logique), venant de l'inconscient, au stimulus. Il apparaît alors une relation étroite entre le stimulus, et cela même qui « m'est venu à l'esprit, bien que cela n'ait aucun sens », à cause d'un lien affectif qui trouve son origine dans l'expérience que la personne a vécue. Dans les « associations libres », c'est l'esprit de la personne qui domine, dans « il me vient à l'esprit par hasard », c'est le cœur qui a une bien meilleure chance de s'exprimer.

C'est la raison pour laquelle Freud demandait — comme aujourd'hui le font aussi les psychanalystes — : « Qu'est-ce qui vous vient à l'esprit à propos de cela » (*Was fällt Ihnen dazu ein ?*). Et la réponse, traduite en mots, renvoie clairement au Ça, d'où a émergé soudain, et souvent à la surprise de la personne, cette idée nouvelle et inattendue.

XIV

Pour éloigner le lecteur de Freud, les traducteurs se sont servis de procédés encore plus subtils. Parfois, par exemple, le fait même que Freud parle de lui tout simplement n'apparaît plus dans la Standard Edition. On peut citer, parmi les nombreux exemples de mauvaises traductions de ce genre, la conférence de Freud intitulée : « Quelques conséquences psychologiques de la distinction anatomique entre les sexes » (1925), dans laquelle il parle d'un processus « que j'aimerais décrire comme ''dénégation'' (*den ich als ''Verleugnung'' bezeichnen möchte*). Cette phrase a été traduite ainsi dans la Standard Edition : « qui pourrait être décrit comme ''dénégation'' ». La formulation personnelle devient impersonnelle dans la traduction défectueuse. Par de telles transmutations, c'est l'être humain qui se trouve éliminé, au-delà de la personne de Freud. Et pourtant, la psychanalyse ne s'occupe de rien d'autre que d'êtres humains !

Les différences entre les sexes jouent un rôle important dans la théorie psychanalytique, de même que dans notre vie, sous tous ses aspects. Dans l'essai dont nous venons de parler, Freud entame une discussion sur les conséquences des *différences* anatomiques entre les sexes (*... Folgen des Geschlechtsunterschieds*), mais les traducteurs ont préféré parler d'une *distinction.* On traduit le plus ordinairement *Unterschied* par « différence » et non par « distinction ». Bien qu'il ne soit pas incorrect de traduire *Unterschied* par « distinction », le sens qu'y mettait Freud n'est plus vraiment rendu de façon précise. Le Webster's fait la discrimination entre « différence » et « distinction » de la manière suivante : « "différent", appliqué à des choses qui ne sont pas semblables, implique une individualité (trois docteurs différents), ou un contraste ; "distinct", appliqué à deux ou plusieurs choses, met l'accent sur le fait que chacune a une identité différente, qu'elle est séparée, sans erreur possible des autres ». Si « différence » met bien l'accent sur le contraste et l'individualité dans ce qui est fondamentalement ressemblance (comme l'exemple des trois docteurs différents le suggère), le mot est alors préférable à « distinction » dans le contexte de cet essai et de son titre.

Cette façon de traduire est foncièrement mauvaise du point de vue psychologique, et surtout du point de vue psychanalytique. En revanche, elle ne constitue par une erreur flagrante sur le plan intellectuel pur. On ne peut pas en dire autant, naturellement, de toutes les mauvaises traductions. Certaines de ces traductions sont si évidemment fausses qu'il est difficile de comprendre pourquoi on les a jamais données, et plus difficile encore de voir pourquoi on ne les a pas corrigées depuis longtemps. Certaines d'entre elles ne s'aliènent pas nécessairement le lecteur par leur caractère d'étrangeté ; au contraire, elles emploient parfois des mots très familiers et sont facilement compréhensibles. Mais, en disant tout autre chose que ce que pensait Freud et ce dont il parlait dans le reste de l'article ou du livre en question, elles déroutent le lecteur.

Le livre de Freud *Massenpsychologie und Ich-Analyse* a été écrit bien avant la montée au pouvoir de Hitler, mais les événements des années 30 et 40, et d'autres similaires qui sont survenus depuis, ont montré toute la pertinence de l'analyse de Freud au sujet des facteurs psychologiques qui expliquent la fascination exercée par les dictateurs sur leurs partisans. On a traduit ce livre par *Group Psychology and the Analysis of the Ego* [1], alors que *Masse* a le même sens que le mot anglais *mass*, et que *group* est l'équivalent de l'allemand *Gruppe*. Les exemples donnés par Freud dans le livre comprennent les armées et les membres de l'Eglise — c'est-à-dire un très grand nombre de gens qui ne se connaissent pas nécessairement entre eux, et dont la cohérence ne

1. En français, « *Psychologie de groupe et analyse de l'Ego* ».

résulte, en tant que foule, ou de masse, que de leur acceptation commune d'idées ou de dirigeants. Le mot *masse* est exactement fidèle à la pensée de Freud ; le terme est défini dans le Webster's comme « une quantité de matière constituant un corps de forme et de taille indéfinies, en général de taille relativement grande ». Dans la Standard Edition, la seule explication qui nous soit donnée pour cette traduction erronée se trouve dans une note de Strachey : « *Group* » est utilisé tout au long de cette traduction comme équivalent au mot allemand *Masse* qui s'applique plutôt à un ensemble plus large. L'auteur utilise ce dernier mot. » Aucune justification n'est donnée du fait que *group* et *mass* aient été considérés comme des termes équivalents — ce que, naturellement, dans l'usage courant ou les définitions de dictionnaire, ils ne sont pas. Les lecteurs qui auront choisi ce livre pour étudier la psychologie de groupe seront amèrement déçus. Mais comme le texte précise bien que Freud parle de la psychologie du comportement de foule et des phénomènes soustendant la formation des grandes masses, le dommage peut être surmonté chez le lecteur sérieux.

Les choses sont beaucoup plus problématiques en ce qui concerne *Civilization and Its Discontent* [1], le traité le plus important de Freud sur la société. Même une lecture approfondie de la traduction anglaise du livre ne permet pas de comprendre certaines de ses idées centrales car des fautes de traduc-

1. En français, *Malaise dans la civilisation*.

tion se retrouvent pour certains concepts primordiaux tout au long du texte. Freud a appelé le livre *Das Unbehagen in der Kultur*, et une traduction correcte de son titre serait *The Uneasiness Inherent in Culture* (« Le Malaise inhérent à la culture »). Les raisons de la mauvaise traduction du titre sont incompréhensibles. En allemand, il y a une grande distinction entre les mots *Kultur* et *Zivilisation*. Le mot *Kultur* s'applique aux systèmes de valeurs morales, et aux créations intellectuelles et esthétiques — en bref, à ce qu'on peut appeler les humanités. Le mot *Zivilisation* se rapporte à des réalisations matérielles et technologiques. Lorsque Freud a employé le mot *Kultur*, il pensait aux aspects de notre monde qui lui tenaient le plus à cœur ; et comme nous le savons, il était extrêmement critique sur de nombreux aspects de la civilisation matérielle et technologique. Il ne peut faire aucun doute que la différence entre *Kultur* et *Zivilisation* était importante pour Freud. Dans sa lettre à Einstein, publiée sous le titre « Pourquoi la guerre ? », il écrivait :

> « De temps immémorial, l'humanité a suivi un processus de développement culturel. (Je le sais, d'autres préfèrent l'appeler un processus de civilisation.) A ce processus nous devons le meilleur de ce que nous sommes devenus, et une bonne part de ce dont nous souffrons. »
>
> (« *Seit unvordenklichen Zeiten zieht sich über die Menschheit der Prozess der Kulturenwicklung. (Ich weiss, andere heissen ihn lieber : Zivili-*

sation.) Diesem Prozess verdanken wir das Beste, was wir geworden sind, und ein gut Teil von dem, woram wir leiden. »)

Aussi malheureuse que soit la traduction de *Kultur* par « *civilisation* », beaucoup plus sérieuses sont les mauvaises traductions de *Unbehagen* (« inquiétude ») et de *in* (la préposition allemande *in* peut se traduire en anglais par «*in* » ou « *within* », suivant le contexte ; afin de rendre le titre de Freud de façon plus idiomatique, j'ai traduit *in* par « *inherent in* »). Le mot « *and* » (« et ») peut relier des choses tout à fait différentes, et c'est ce qui se passe fréquemment. Les mots « *in* » et « *within* » indiquent clairement que les deux mots qu'ils relient — et les idées auxquelles se rapportent ces deux mots — sont comme encapsulés pour former une unité d'un certain genre, un bloc souvent inséparable. Le titre *Das Unbehagen in der Kultur* implique que, dans la culture, un certain manque de bien-être soit nécessaire, inhérent à elle, inévitable. La traduction anglaise qui a été choisie pour le titre ne laisse rien passer de cette idée. Le titre anglais aurait pu être acceptable si Freud avait appelé son livre *Zivilisation und Ihre Unzufriedenheiten* (traduction littérale du titre anglais) ou même *Die Unzufriedenheit mit der Kultur*, puisque le mot anglais « *civilisation* [1] » recouvre un spectre de phénomènes plus large que l'allemand *Zivilisation*. Comme on le voit avec ces deux traduc-

1. Et de même le mot français « civilisation » (N. du T.).

tions du titre anglais en allemand, le mot *discontent* a son équivalent exact en allemand, et ce n'est pas *Unbehagen*, le mot utilisé par Freud, mais *Unzufriedenheit*. Malheureusement, *Unbehagen* n'a pas son équivalent exact en anglais, mais son sens est annoncé par le fait que *Unbehagen* est le contraire de *Behagen* que l'on peut traduire facilement en anglais par *comfort* ou *ease*. (Freud lui-même a suggéré que *Unbehagen* soit traduit par *discomfort* ou bien par *malaise*, mais jamais par *discontent*.) *Uneasiness* semble être la meilleure traduction de *Unbehagen* puisque Freud a employé le mot pour désigner un sentiment. *Discontent* est une traduction insatisfaisante parce qu'un mécontentement peut être (n'est souvent que) l'aboutissement de spéculations intellectuelles ; l'O.E.D. donne, entre autres, cette définition du mot : « insatisfaction de l'esprit ».

On trouve donc ici, dans un seul titre très court, trois fautes de traduction que l'on aurait pu facilement éviter — exemple typique de la vérité du vieil adage *Traditore, traduttore* : les traducteurs sont « traîtres » aux idées de l'auteur parce qu'ils amènent les lecteurs à avoir des idées fausses.

Dans sa lettre à Einstein, Freud fit cette remarque importante que c'est au développement de notre culture que nous devons le meilleur de ce que nous sommes, mais aussi une bonne part de nos souffrances. Le but du livre de Freud *Das Unbehagen in der Kultur* est d'expliquer pourquoi il en est ainsi. Il montre que cette inquiétude, ces sentiments de malaise sont le prix qu'il nous faut payer pour apprécier tous les avantages immenses que nous tirons de notre culture. Il donne les raisons psychologiques valables qui expliquent qu'il n'y a pas de culture possible sans cette inquiétude, et il montre bien que les sublimations nécessaires à la culture dans l'existence et *das Unbehagen* sont inéluctablement concomitants. En complète dénégation avec cette idée, on acquiert la conviction dans les traductions de Freud que civilisation et mécontentement sont deux phénomènes séparés. Les lecteurs de la version anglaise, en particulier les lecteurs occasionnels qui vont juger du livre par son titre, penseront peut-être que Freud critiquait une civilisation qui provoquait du mécontentement dans la vie. Ils seront amenés à imaginer qu'il peut y avoir une civilisation sans mécontentement, et à croire faussement que la psychanalyse suggère que c'est possible et même désirable. Une telle notion, infantile et narcissique, est en contradiction complète avec les idées de Freud.

Parmi les pires distorsions des pensées de Freud se trouve probablement l'interprétation du narcissisme comme un phénomène positif et normal, conséquence appropriée d'un égoïsme naturel. On a pu observer récemment que la culture américaine actuelle est essentiellement narcissique : l'égoïsme, l'attention centrée sur soi, le désir d'imposer sa volonté à n'importe quel prix, autant de traits du narcissisme qui se manifestent partout. Il semble qu'un grand nombre d'Américains, dans leur effort pour avoir la *bonne vie*, ont fait d'eux-mêmes leur premier objet d'amour, prêchant l'affirmation de soi et non la générosité, cherchant à être partout le numéro un. Cela est en opposition directe avec la conviction de Freud, selon laquelle la *bonne vie* — ou, au moins, la vie meilleure à laquelle l'homme puisse prétendre, la plus heureuse et la plus féconde — consiste à pouvoir aimer les autres et non soi-même : la vie prend tout son sens lorsqu'on trouve un travail épanouissant, qui entraîne des résultats positifs pour les autres. Freud a évoqué le mythe de Narcisse pour nous aider à comprendre que l'égocentrisme est détestable. Il faut bien saisir la signification de ce mythe — Narcisse infatué de lui-même au point d'entraîner sa propre destruction — si l'on veut comprendre pourquoi Freud a appliqué le terme de « narcissique » au stade le plus primitif du développement humain, celui où le petit enfant, complètement démuni, trouve une compensation à son impuissance dans un égocentrisme mégalomaniaque. Freud a agi ainsi pour nous mettre en garde contre le narcissisme, et nous prévenir des effets destructeurs qui résultent d'une fixation à un stade où l'on ne s'occupe que de soi-même. Il savait qu'être seul à se plaire est autodestructeur, que cela conduit à s'aliéner les autres, le monde réel et, éventuellement, soi-même. Narcisse, qui ne contemplait que son propre reflet, avait perdu le contact avec l'humanité, le contact avec soi-même. Suivant la théorie psychanalytique, étayée par toutes les découvertes de la clinique, l'amour excessif de soi-même conduit à un grand dénuement moral. Ce que cherche à représenter symboliquement le mythe de Narcisse qui se noie dans sa propre image, c'est en réalité l'absence de vie affective de la personne narcissique. Le narcissisme aboutit à une vie superficielle, dénuée de sens et de ces relations intimes, réciproques, mutuellement satisfaisantes et enrichissantes avec les autres, qui représentent ce que la vie a de meilleur à offrir.

XV

Saint Jérôme a remarqué que certaines traductions de la Bible ne sont pas des versions, mais plutôt des perversions du texte original. On pourrait en dire autant de la façon dont on a traduit un grand nombre de concepts psychanalytiques en anglais. Particulièrement regrettable est la traduction de *Trieb* par « instinct », du fait de l'importance du rôle que joue ce concept dans le système freudien. C'est l'une des rares traductions dont James Strachey n'a pas pu s'empêcher de discuter certains détails, dans ses notes pour la Standard Edition :

> « "*Trieb*". "*Instinct*". On a attaqué dans certains milieux la façon dont j'ai traduit ce mot avec une très grande sévérité, mais à mon avis elle est injustifiée. Le terme que proposaient presque invariablement les critiques, en alternative, est

"*drive*[1]". J'y ferai plusieurs objections. D'abord j'aimerais faire remarquer que "*drive*", employé dans cette acception, n'est pas un mot anglais... Les critiques, à l'évidence, l'ont choisi à cause de sa ressemblance superficielle avec l'allemand *Trieb*, et je suspecte que la majorité d'entre eux ont, en fait, été influencés par une longue familiarité avec la langue allemande... (Dans) mon choix pour "*instinct*", la seule complication légère est que Freud emploie lui-même, dans une demi-douzaine de cas, l'allemand *Instinckt*, et toujours peut-être dans le sens d'instinct des animaux. »

Il est difficile de parler de « légère complication » ! Freud a utilisé le mot allemand *Instinckt* quand il le jugeait bon — en référence aux instincts innés des animaux —, et il l'a évité chaque fois qu'il parlait des êtres humains. Puisque Freud a clairement distingué l'instinct d'une part, et de l'autre ce qu'il désignait par *Trieb*, il paraît évident qu'il est important de conserver la distinction. L'idée que *drive* n'est pas un mot anglais ne semble pas très convaincante, venant des traducteurs qui ont créé des termes tels que *parapraxis* et *scopophilia*. *Drive* a le mérite évident d'être depuis quelques années un terme d'usage courant en américain. Suivant le Webster's, *drive* est à la fois un nom et un verbe. En tant que nom, il signifie de façon générale : « puissance ou énergie pour faire des choses ; vigueur

1. En français, « pulsion ».

enthousiaste ou agressive », et, en particulier, en psychologie, « toute impulsion ou exigence biologique fondamentale d'autoconservation, de faim, sexuelle, etc. » — exactement ce que Freud voulait dire avec *Trieb*. En réalité, lorsque nous disons que nous sommes poussés (« *driven* ») par l'ambition, ou la crainte, nous utilisons une forme verbale de *drive* pour marquer la propulsion interne, à partir d'une force qui correspond pour Freud au *Trieb*. Il ne nous viendrait jamais à l'idée de nous référer à l'instinct dans un tel contexte. On peut avancer que *impulse* (« impulsion ») est un meilleur équivalent de *Trieb* que « instinct ». Le Webster's définit *impulse* ainsi : « force qui incite ; propension soudaine à agir, sans intention consciente ; intention ou tendance venant de l'intérieur ». Il serait difficile de s'approcher davantage du sens de Freud, et de fait, dans les éditions françaises de ses œuvres, on traduit *Trieb* par « pulsion ». Enfin « *impulse* » a l'avantage supplémentaire d'offrir l'adjectif « *impulsive* » (« impulsif »).

Dans le titre de la conférence importante de Freud *Triebe und Triebschicksale* (« Les pulsions et leur destin ») (1915), les traducteurs ont fait deux fautes graves. Non seulement ils ont traduit *Triebe* par « instincts », mais ils ont remplacé *Schicksale* (« destins, destinées ») par « vicissitudes ». Le titre donné dans la Standard Edition est le suivant : *Instincts and Their Vicissitudes* (« Les instincts et leurs vicissitudes »). Le « destin » est un mot qu'on invoque facilement quand on parle des autres hommes ou de soi-même, et de ce qui arrive tout au long de la vie. Freud a employé ce mot pour que nous nous sentions plus proches, avec notre expérience de la vie, des sujets qu'il évoque. Nous n'appliquerions pas ce terme de « vicissitude » à nous-mêmes, ni aux événements qui forment notre vie. C'est, comme le déclare le Webster's à ce sujet, un terme livresque. Il ne suscite aucune réaction effective. En fait, « vicissitude » est un terme que l'on n'est prêt à employer que pour des événements qui ne concernent pas les humains ; l'O.E.D. donne l'exemple des « vicissitudes des marées ». Il est exact que les mots « destin » et « destinée » impliquent tous deux la notion d'inévitabilité que ne comportent ni l'allemand *Schicksale*, ni l'anglais *vicissitude*. Et Freud ne voulait certainement pas marquer un caractère inévitable quelconque auquel nos pulsions internes seraient sujettes. Mais, si les traducteurs ont rejeté *fate* (« destin ») à cause de son implication d'immuabilité, ils auraient pu employer *change* ou *mutability* à la place (« changement » ou « aptitude aux transformations »). Ils auraient pu, par exemple, traduire le titre de la manière suivante : *Drives and Their Mutability* (« Les pulsions et leur aptitude aux transformations »).

Dans cette conférence, Freud note sa conviction que les pulsions peuvent se changer de différentes façons : en leurs contraires ; en se retournant contre la personne elle-même ; en étant refoulées ou en étant sublimées. *Instinct* n'est pas le mot qui correspond à l'idée de Freud parce que, précisément, les instincts sont innés, inconscients et fondamentalement immuables. Le Webster's définit *instinct* ainsi : « tendance innée à se comporter de façon caractéristique d'une espèce, mode non acquis de réponse à des stimuli ». L'O.E.D. appelle *instinct* une « propension innée, chez les êtres organisés (spécialement chez les animaux inférieurs), variant avec les espèces, et qui se manifeste en actes qui paraissent être rationnels, mais sont accomplis sans qu'il y ait adaptation consciente des moyens aux fins ». Freud n'a jamais cru que les aspects les plus importants de notre comportement soient déterminés par nos instincts et, par conséquent, se trouvent hors de portée de toute influence de notre part. (Si cela était, la thérapie psychanalytique serait impossible.) Comme il l'a écrit dans un passage fameux des *Nouvelles Conférences*, le but de la psychanalyse est de « renforcer le Moi, de le rendre plus indépendant du Surmoi, d'élargir son champ de perception, et d'étendre son organisation afin qu'il puisse s'approprier de nouvelles portions du Ça », et il a ajouté : « Là où ça était, le Moi doit advenir [1] ». La psychanalyse essaie de démontrer que nos motivations les plus fondamentales sont sujettes à une reconnaissance consciente et à une transformation délibérée. Si « Je » suis poussé par la peur, ou l'ambition, ou la cupidité, « Je » peux faire quelque chose contre « Ça ». Les hommes et les femmes, contrairement

1. Cf. note page 137 (N. d. T.).

aux animaux, peuvent se changer de façon significative.

Il n'y a pas de cas où la traduction de *Trieb* par *instinct* a fait plus de mal pour la compréhension de la psychanalyse que dans l'expression « instinct de mort ». En réalité, à quoi servirait une psychanalyse qui poserait un tel principe, et c'est la raison pour laquelle la psychanalyse américaine s'est tenue à l'écart, avec raison, de l'idée d'un instinct de mort. Mais Freud n'a jamais parlé d'un instinct de mort — mais seulement d'une pulsion, largement inconsciente, qui nous incite à des actes d'agression, de destruction, et d'autodestruction. Certains, parmi nous, sont certainement entraînés vers la mort, notre propre mort ou celle infligée à d'autres. Comment pourrait-on expliquer autrement des suicides qui ne sont pas liés à une maladie incurable, ou à une cause similaire, le suicide d'adolescents américains qui vivent dans l'aisance, par exemple ? Sans le concept de pulsion de mort, certains événements de l'Histoire récente, l'histoire allemande en particulier, demeurent incompréhensibles. Pour Freud, notre âme est le siège d'une bataille passionnée entre deux pulsions contraires, bataille qui fixe nos sentiments et détermine nos actions, qui provoque nos difficultés et notre souffrance. Rejeter l'idée de pulsion de mort, c'est donc réduire le dualisme du système freudien à un monisme qui suppose une conception bien sereine de notre vie intérieure.

Freud a pris soin de mettre l'accent sur les conflits qui agitent l'âme, et les conséquences que cela entraîne pour l'individu : la façon dont il peut vivre en harmonie avec lui-même, malgré ces conflits, ou peut-être grâce à eux car ils sont aussi une source de richesses pour la vie intérieure. Si l'on refuse de voir dans *Malaise dans la civilisation* la description de la bataille entre les « deux puissances divines », les deux adversaires éternels, Eros et Thanatos, la maîtrise de nos conflits et de nos contradictions internes n'est plus un problème crucial ; pourquoi chercher à nous entendre avec nous-mêmes, il suffit de nous *débrouiller* au mieux, dans notre environnement. Tout cela n'intéressait pas Freud. De telles simplifications, un tel réductionnisme de son système, c'était la porte ouverte à une interprétation suivant laquelle on doit rechercher une « bonne adaptation », ce que Freud n'a jamais préconisé. Cela ne tient aucun compte de la conception à la fois pessimiste et tragique qu'il avait de la vie. Il ne s'agirait plus que d'un « améliorisme » pragmatique.

La pensée de Freud a été mal traduite afin qu'elle s'adapte mieux à un cadre de référence behavioriste, d'ailleurs complètement étranger à la psychanalyse. On peut alors comprendre que, dans les pays de langue anglaise, on ait examiné ses concepts dans ce cadre et, de plus, qu'on les ait trouvés insuffisants. Si les travaux du behaviorisme pouvaient prouver que Freud a raison, c'est qu'il ne s'agirait plus d'une psychologie introspective, qui essaie de jeter la clarté sur la partie voilée et obscure de l'âme, et sur les forces les moins accessibles à l'observation. Le behaviorisme se concentre sur ce qu'on peut voir de l'extérieur, ce qu'un observateur non impliqué peut étudier, et que l'on peut reproduire et décrire à l'aide de valeurs numériques. La psychanalyse n'est concernée que par ce qu'il y a d'unique dans la vie d'une personne — par l'histoire unique de sa vie, qui la rend différente de celle de tous les autres gens — et c'est là une approche qui s'oppose diamétralement à celle du behaviorisme. Tout cela aurait peut-être été évident si, dans la traduction anglaise de ses écrits, on avait conservé de Freud ses références à l'âme de l'homme et aux conflits internes qui l'habitent. Il nous aurait été facile d'accepter à partir de notre expérience quotidienne l'hypothèse suivant laquelle on peut souvent expliquer le comportement de l'homme par la présence en nous de forces de destruction très puissantes. Et parce que, dans la traduction, les affirmations de Freud qui concernent ces pulsions agressives semblent les présenter comme le reflet ou la conséquence d'un « instinct de mort », les critiques n'ont pas eu de mal à prouver que de telles affirmations étaient fausses. Comme cela est arrivé si souvent tout au long de sa vie, on a continué après sa mort à l'accuser, et à le trouver coupable pour des doctrines qu'il n'a jamais professées.

Pour Freud, le Moi était un lieu de conflit tragique. Du jour même de notre naissance à celui de notre mort, Eros s'oppose à Thanatos dans notre vie, et il nous est difficile au milieu de cette lutte pour la domination de rester en paix avec nous-mêmes, sinon pour de courtes périodes. Dans ses derniers développements, Freud introduit dans son système le concept d'une lutte éternelle où s'affrontent en nous pulsion de vie et pulsion de mort, et il reconnaît la nécessité d'aider la pulsion de vie à empêcher la pulsion de mort de nous nuire. C'est cette lutte qui développe en nous une possibilité de richesse affective, qui explique l'extrême variété d'une vie d'homme, qui nous fait passer de l'allégresse à la dépression, qui donne à la vie son sens le plus profond.

Imaginer, comme beaucoup d'Américains, que la psychanalyse permet de mener à bien sa vie en la fondant seulement sur la pulsion de vie, ou pulsion sexuelle, c'est ne rien comprendre à Freud. De la même façon que nous préoccuper exclusivement de la pulsion de mort nous conduirait à un vain état de dépression morbide, la pulsion sexuelle, ou pulsion de vie, ne pourrait, seule, que nous conduire à une existence superficielle et narcissique. La réalité se déroberait en retirant à la vie ce qui donne son prix à chaque moment : le fait qu'il puisse être le dernier.

La pulsion sexuelle insiste pour obtenir une satisfaction immédiate. Elle ne veut rien savoir du futur. Eros et Psyché, au contraire, s'en préoccupent. Notre connaissance des limites tragiques que la mort et la destruction mettent à notre existence nous fait désirer voir la vie continuer après nous. Les aspects les plus sombres de la vie nous rendent profondément conscients de la nécessité d'assurer une vie meilleure à ceux que nous aimons et à ceux qui viendront après nous — non seulement nos propres enfants mais toute la génération montante. C'était notre amour pour les autres et notre intérêt pour l'avenir de ceux que nous aimons auxquels Freud pensait quand il parlait d'« Eros éternel ». L'amour des autres — l'effet d'Eros éternel — s'exprime dans nos relations avec ceux qui nous sont chers, et dans ce que nous faisons pour leur rendre la vie meilleure, le monde meilleur. L'objectif n'est pas une utopie hors d'atteinte, dans laquelle aurait disparu toute forme de malaise ou de trouble inhérente à la culture, mais une culture qui justifierait toujours plus le tribut de malaise que nous payons pour les avantages qu'elle nous accorde. La *bonne vie*, selon Freud, est celle qui tire toute sa signification des relations durables, soutenues et mutuellement gratifiantes que nous sommes capables d'établir avec ceux que nous aimons, et de la satisfaction que nous puisons dans le fait de nous savoir engagés dans une tâche qui nous aide, ainsi que les autres, à avoir une vie meilleure. Une *bonne vie* ne refuse ni les difficultés réelles et souvent douloureuses, ni les aspects ténébreux de notre psyché ; au contraire, c'est une vie au cours de laquelle nous ne permettons pas aux épreuves de nous enfermer dans le désespoir, et aux pulsions obscures de nous entraîner sur une orbite chaotique et destructrice.

Tout en reconnaissant la véritable nature de l'inconscient, et le rôle qu'il joue dans notre psyché, nous pouvons soutenir une existence où Eros, la pulsion de vie, maintienne son ascendant sur tout ce qu'il y a en nous de chaotique, irrationnel et destructeur — en bref, sur les conséquences de ce que Freud a appelé la pulsion de mort, dont nous avons aussi hérité. Faire en sorte que notre Moi domine raisonnablement notre Ça et notre Surmoi — voilà le but que Freud s'était fixé pour nous tous. A travers son œuvre et ses écrits, il a lutté pour rendre possible une vie rationnelle et chaleureuse. Nous tirerions un avantage immense à tenir compte de la leçon qu'il a voulu nous enseigner.

Dans son dernier grand article théorique sur la psychanalyse, « Analyse terminable et interminable » (1937), Freud a écrit : « Il ne peut être question d'antithèse entre une théorie optimiste et une théorie pessimiste de la vie ; seul le fonctionnement simultané des deux pulsions primordiales, ensemble mais aussi l'une contre l'autre, la pulsion érotique et la pulsion de mort, peut expliquer les multiples facettes de la vie, jamais l'une sans l'autre. » Les poètes expriment la même idée dans leur langage propre. Faulkner, dans son discours de réception du prix Nobel, a dit : « Seuls les problèmes du cœur humain en lutte avec lui-même [...] font la bonne littérature. » Il aurait pu ajouter : non seulement la bonne littérature, mais aussi tout le meilleur de l'homme.

Du combat qui se livre dans notre âme entre Eros et Thanatos, il peut résulter le meilleur comme le pire, dans nos pensées et dans nos actions. Freud reconnaissait l'éventualité du pire, et cela l'avait conduit à cette vision tragique de la vie. Mais il n'oubliait pas la meilleure part dans l'âme, et cela le soutenait, même dans l'adversité. La vie était pour lui plus que supportable, elle valait la peine d'être vécue, et elle lui apportait parfois de réelles satisfactions. Freud a connu dans la vie peu de périodes de bien-être complet. Qu'il ait, comme tout être sensible, dû souffrir de sentiments de malaise, c'était quelque chose qu'il reconnaissait et acceptait comme le faible prix à payer pour pouvoir jouir des avantages de la culture qui constitue le plus bel accomplissement de l'homme.

Nous ne devrions pas voir dans un tel malaise un effet inhabituel. Goethe disait qu'en soixante-quinze ans il avait fait l'expérience d'à peine quatre semaines pendant lesquelles il s'était vraiment senti l'esprit tranquille. Il y a une part de tristesse dans la vie de toute personne qui réfléchit, à laquelle elle ne peut échapper, mais ce n'est qu'une part — en aucun cas le tout — de la vie. A la fin Thanatos est vainqueur, mais tant qu'il y a de la vie en nous, nous pouvons rendre Eros vainqueur de Thanatos. Et cela, nous devons le faire, si nous désirons *vivre bien.* La première exigence pour cela, c'est d'aimer ceux qui ont de l'importance pour nous, et de vivre en sorte qu'eux aussi nous aiment. C'est Eros, alors, qui prend l'avantage, et Psyché se réjouit.

Nous devons beaucoup à ceux qui, avant nous et autour de nous, ont créé notre humanité, grâce à une perception exaltante du monde. Les réalisations culturelles font notre fierté, et la vie vaut les peines qu'elle nous apporte ; et nous devons reconnaître, avec Freud, ce que ces créateurs de notre humanité n'ont pas refusé, ce qu'au contraire ils ont accepté d'endurer parce qu'ils ont compris que ce n'est que dans ce combat avec soi-même que le cœur humain (comme disait Faulkner) ou l'âme humaine (comme aurait dit Freud) atteignent à la vie dans ce qu'elle nous offre de meilleur.

Achevé d'imprimer
le 3 décembre 1984
sur les presses
de l'Imprimerie
Carlo Descamps
Condé-sur-l'Escaut
59163 France
pour le compte des Editions
Robert Laffont

Dépôt légal : décembre 1984
N° d'édition : L 098